ARMAND SILVESTRE

LE PETIT ART D'AIMER

Vignettes de LUCIEN MÉTIVET

PARIS
PAUL OLLENDORFF, ÉDITEUR
28 bis, RUE DE RICHELIEU, 28 bis

1897

8°R
15.021

LE PETIT
ART D'AIMER

DU MÊME AUTEUR

Les Farces de mon ami Jacques. (1re série de la *Vie pour rire*.)

Les Malheurs du commandant Laripète. (2e série de la *Vie pour rire*)

Le Filleul du Docteur Trousse-Cadet, suivi des Nouveaux Malheurs du commandant Laripète. (3e série de la *Vie pour rire*.)

Les Mémoires d'un Galopin, suivis de Petite Histoire naturelle. (4e série de la *Vie pour rire*.)

Madame Dandin et Mademoiselle Phryné. (5e série de la *Vie pour rire*.)

Les Bêtises de mon Oncle (6e série de la *Vie pour rire*.)

Les merveilleux Récits de l'amiral Le Kelpudubec. (7e série de la *Vie pour rire*.)

Les Veillées de Saint-Pantaléon. (8e série de la *Vie pour rire*).

Tous droits de traduction et de reproduction réservés pour tous les pays, y compris la Suède et la Norvège.

S'adresser pour traiter à M. Paul Ollendorff, éditeur, 28 *bis*, rue de Richelieu, Paris.

ARMAND SILVESTRE

Le Petit Art d'Aimer

EN QUATORZE CHAPITRES

Vignettes de LUCIEN MÉTIVET

PARIS
PAUL OLLENDORFF, ÉDITEUR
28 bis, RUE DE RICHELIEU, 28 bis

1897
Tous droits réservés.

IL A ÉTÉ TIRÉ A PART
25 exemplaires sur papier vélin, numérotés à la presse.

CHACUN DE CES EXEMPLAIRES COMPREND
Une suite des dessins hors texte aquarellés
par LUCIEN MÉTIVET

A MON AMI

GEORGES HECQ

Son dévoué et son reconnaissant,

A. S.

Du choix d'un amant

I

Ce n'est pas la première fois qu'une des aimables personnes qui me veulent bien poser des cas d'esthétique amoureuse, me confie que la solitude lui est pesante et qu'elle souhaiterait d'avoir un amant. Il fut un temps où j'aurais trouvé une réponse immédiate à ce genre de lettre, et sans avoir besoin de tremper ma plume dans mon écritoire. Je n'ai plus la fatuité de croire aujourd'hui qu'on me demande une réponse purement mimée et que c'est tout bonnement une entrée en relations qu'on me propose. C'est une idée qui ne viendrait plus à une demoiselle simplement sensée. Je ne vais plus en ville après y avoir été beaucoup — pas assez encore, puisque c'est le meilleur temps de la vie que celui qu'on passe en ces villégiatures du cœur. — En ce temps-là j'écrivais seulement quand j'étais fatigué de mes visites. L'amour était la pièce, et la littérature n'en était que les entr'actes. Encore me bornais-je, pour faire œuvre d'écrivain, à réunir en volume les vers que j'avais faits pour mes bonnes amies. Maintenant la pièce c'est la littérature, et l'amour c'est les entr'actes. Mon spectacle dans un fauteuil — et même sur un canapé — y a beaucoup perdu. Mais pourquoi récriminerais-je ? J'aime encore la femme de la même passion sans le lui prouver par la même éloquence. J'ai beau mettre, comme Démosthène, des cailloux dans ma bouche, il est certain que mon défaut de prononciation s'aggrave de jour en jour. Mais je ne bégaye pas encore. Tout au plus zézayé-je un peu. Ce n'est vraiment pas la peine de m'exposer à avaler des cailloux.

Donc, maintenant, c'est sans y chercher un bénéfice personnel que je réponds, aussi sérieux qu'un candidat qu'on étrille, aux interrogations du genre de celle qui m'est posée aujourd'hui encore, avec une franchise à laquelle je veux rendre hommage avant tout. Vous n'y allez pas par quatre chemins, Madame. Vous me confessez que vous trouvez votre lit trop large et que vous y voulez un compagnon. C'est à la fois limpide et perspicace. Mais vous me demandez comment il faut choisir celui-ci, et cela n'est pas aussi aisé que vous le semblez croire. Je conviens cependant que votre cas est un des plus simples du monde, puisque vous êtes seule intéressée dans cette délicate aventure, et que vous n'avez pas à satisfaire les goûts d'un mari en même temps que les vôtres, ce qui rend la chose difficile quelquefois. Car les couples se mettent rarement d'accord, en cette matière, sur un idéal commun. Certains hommes tiennent absolument à être faits cocus suivant certains rites et d'une certaine façon, c'est-à-dire seulement par des gens qui leur conviennent à eux-mêmes, — ce qui est bien le moins — qui, par exemple, fassent, tous les soirs, leur whist ou leur domino, ou bien les mènent gratuitement au spectacle, ou encore leur donnent quelque argent pour leurs menus plaisirs et leurs déplacements. Mais laissons de côté ces sybarites ou ces indélicats, et ne pensons qu'à vous, Madame. Vous êtes libre, me dites-vous, et je ne saurais vraiment trop vous en féliciter. C'est une condition adorable pour se forger d'agréables chaînes. Car la Liberté, dont les politiciens veulent faire une force, est tout simplement un milieu, comme la Foi qui n'est qu'un fait et dont les chrétiens veulent faire une vertu. C'est l'air respirable et l'espace ouvert devant nos mouvements, voilà tout. C'est l'atmosphère viable du caprice et de la fantaisie, seuls biens que nous ayons au monde. La Liberté, c'est cette forme de la sagesse qui nous permet de faire une bêtise. Je vais vous y aider de mon mieux, ô créature libre et confiante,

II

Apprenez d'abord, Madame, si vous ne le savez déjà, qu'au point de vue de l'Amour les hommes se peuvent classer en deux catégories — non pas ceux qui le paient et ceux qui ne le paient pas, car j'en veux laisser de côté le point de vue commercial — mais ceux pour qui l'Amour est l'unique chose de la vie, le *summum omnino bonum* du moine A. Kempis (excusez, Madame, ce latin de sainteté, mais vous n'êtes pas, je l'espère, libre-penseuse), et ceux pour qui il n'est qu'une aimable distraction, un passe-temps comme le loto et le billard. Des Grieux, si vous voulez, d'un côté; et l'empereur Napoléon, de l'autre, qui en faisait un simple intermède entre deux victoires. Tous deux furent trompés; mais Des

Grieux était, du moins aimé, ce qui est bien une consolation... Je n'ai pas besoin de vous dire que la seconde série, celle du vainqueur d'Austerlitz, ne mérite même pas votre atten-

tion; car votre désir ne me paraît pas précisément d'être impératrice. Ce n'est pas au trône d'Occident que vous pensez, mais à votre lit, sur lequel nous avons infiniment plus de chance, d'ailleurs, de nous rencontrer. Car, moi non plus, je ne tiens pas pour l'aigle et la couronne, et lui préfère un bon cent de baisers de telles lèvres que je sais bien. Reste donc à reconnaître les élus qui constituent la première classe, les seuls que ma conscience me permette de vous recommander. Enumérons-en donc les signes de race.

Au physique tout d'abord. Eh bien ! ce sera un certain air négligé qui, si je ne vous mettais pas en garde contre vous-même, préviendrait d'abord, contre eux, vos penchants raffinés et vos goûts naturellement délicats.

Celui qui aime vraiment la femme et qui l'aime uniquement — seule façon de l'aimer — ne se préoccupe jamais d'être, lui-même, joli. C'est parfaitement illogique de sa part, puisqu'il perd ainsi un moyen de plaire à un tas de péronnelles et de charmantes bêtes qu'il est tout prêt à trouver spirituelles : mais c'est ainsi.

L'abnégation est au fond de tout culte sincère. Pour ceux que la beauté de la femme affole vraiment, tout disparaît, au monde, devant elle, et eux-mêmes par-dessus le marché. Leur idéal est plus haut qu'eux, purement objectif, et ils ne demandent qu'à être une poussière vivante sur le chemin que foulent les pas adorés. Vous pouvez m'en croire, Madame : le Monsieur, séduisant d'ailleurs et bénévolent, qui aura passé quatre heures à sa toilette avant de paraître devant vous, n'est pas votre fait. Mais le malhonnête qui ne l'aurait pas faite du tout ne l'est pas non plus. Car si la contemplation intérieure de sa belle ne permet pas, à l'amant parfait que je vous souhaite, de se regarder soi-même, le respect lui interdit de se présenter, devant elle, dans une tenue qui lui fasse horreur. Les femmes bien organisées sont, avant tout, des êtres de juste milieu — je n'en dirai pas autant des hommes ! — Montrez votre perspicacité en cette matière, Madame, et aussi votre juste milieu, en en prenant et en en laissant ce que je vous dis.

III

Passons au moral, maintenant, s'il vous plaît.

Là, par exemple, j'ai mon sentiment absolu et je vous donne, comme certain, mon diagnostic. L'amour n'a ici-bas qu'un ennemi sérieux : l'amour-propre. C'est contre lui que vous devez diriger toutes les épreuves auxquelles vous soumettez le néophyte avant de l'admettre dans le temple (je crois que l'image est noblement tournée) ou de prononcer le : *Dignus, dignus es intrare!* de la comédie, soit pour citer heureusement Molière. Proposez-lui de faire, hardiment, pour obtenir de vous une faveur — oh ! mon Dieu, la moindre ! — une faveur grande comme votre petit doigt, la plus petite des faveurs ! une fleur, par exemple, qui sera tombée de votre corsage et que votre joli pied aura meurtrie, proposez-lui de faire, dis-je, un acte de stupidité écrasante et qui doive le rendre grotesque aux yeux de l'Univers tout entier. S'il hésite un seul instant, flanquez-le à la porte. Il y en a, tous les jours, qui n'hésitent pas, et ce sont les vrais amants !

Tout ceci est pour le côté sérieux des biens

que vous attendez du vôtre. Mais n'allez pas négliger les côtés plus purement aimables de la question. Gardez-vous précieusement d'un amant jaloux. Contrairement à l'avis général, ce n'est pas l'Amour que prouve la jalousie, mais son plus implacable ennemi, l'Amour-propre. C'est le fait des tempéraments égoïstes et avares. J'ai vu très sérieusement jalouses de leurs maris des femmes qui les trompaient à la journée — car ce n'est que les amants qu'on trompe à la nuit — en vertu de ce monstrueux sentiment, très commun chez la femme, que tout lui est dû et qu'elle ne doit rien au reste de l'humanité, même des excuses pour nous avoir fait mettre à la porte du Paradis ! Mais il est aussi des hommes de cette farine. Il les faut fuir comme la peste. Prenez-moi un brave être doux et confiant et qui ne croie pas que l'Infini se partage, et qui a joliment raison. Car tous nous pouvons dire à la femme que nous avons aimée, avec le poète :

Ce que j'aimais en vous, c'était ma propre ivresse !

Et cette ivresse-là, toutes les infidélités du monde ne sauraient nous la voler. A celui à qui vous donnez, Madame, l'immense joie de l'Amour, qui pourrait se flatter d'en voler quelque chose, puisque ce bonheur est fait d'impressions qui lui sont absolument personnelles et que la femme est comme un instrument d'où chacun tire l'air qu'il lui plaît ?

Ne prenez pas davantage un gourmand qu'un jaloux. La bonne chère est aussi une ennemie de l'Amour. La robustesse passionnelle est aux sobres et aux tempérants. C'est une vieille sottise accréditée, par les chansons, que Bacchus et Vénus font bon ménage. L'amant ayant quelque ferveur se veut appliquer tout entier à la possession consciente de la maîtresse aimée ; entre elle et lui, il ne veut pas de vaines fumées, mais que seulement monte,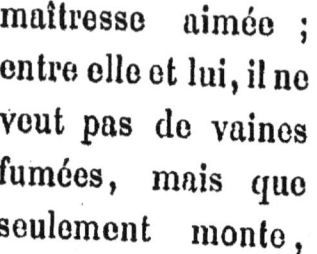

vers elle, l'encens qui brûle dans son cœur.

Mais par-dessus tout, Madame, ne prenez pas non plus pour amant un politicien. Vous me reviendriez avant huit jours si cruellement désenchantée qu'il me faudrait me remettre à l'œuvre, et franchement je ne puis passer tout mon temps à meubler votre couche. Un politicien, pauvre femme! Dieu vous garde de cette déplaisante bête particulière au temps où nous vivons, de ce hanneton bourdonnant qui n'a pas même la circonstance atténuante de n'être d'une seule saison. Conservez, pour les sonores abeilles du baiser, vos floraisons épanouies et bonne chance, maintenant !

Qui aime le plus

I

Il me faudrait citer, dans son entier, pour y bien répondre, la lettre qui m'inspire cette glose nouvelle sur le seul sujet qui m'ait intéressé dans la vie. Aussi bien le lecteur n'y perdrait rien. Car, ainsi qu'il en pourra juger par quelques passages, elle est de forme bien française, claire et élégante, très précise, d'ailleurs, dans ses questions. Celle qui l'a écrite y dialogue, avec son amant, sur des subtilités amoureuses empruntées à leur propre tendresse. Je me méfie un peu d'une passion qui philosophe. Il s'agit de savoir lequel aime l'autre davantage. Je vais vous le dire tout de suite, Mademoiselle. C'est celui qui,

le premier, interrompt cette dissertation, en fermant, de ses lèvres, les lèvres, de son interlocuteur et en l'étreignant de ses bras. Le véritable et unique langage de l'Amour, c'est le baiser. Rien n'est moins bavard que les gens vraiment épris. Les lassitudes nécessaires que la possession nous impose, les vrais amants les occupent plutôt par de muettes contemplations et des adorations silencieuses que par de jolis discours. Celui de vous deux qui aime le plus est celui qui se dérobe le premier à ces conversations inutiles.

Je cite maintenant : « Il me dit : tu m'accuses d'aimer moins que toi parce que je te montre les dangers de notre liaison secrète, dangers que je méprise à force d'amour, mais que je connais et que je mesure... Le jeune soldat, ignorant du péril, qui se précipite dans la mêlée, est-il aussi méritant que le vieux brave qui marche au feu, sachant bien qu'on y reçoit des blessures et qu'on y meurt quelquefois. Je sais aussi que les amours les plus ardentes ont la fragilité de toutes les choses d'ici-bas et qu'un jour viendra fatalement où nous chérirons moins. — A ceci je réponds : — Mon amour est plus grand puisqu'il m'empêche de voir le danger; je ne le veux point connaître et j'en détourne les yeux lorsque tu cherches à me faire apercevoir son noir fantôme et jamais la pensée cruelle d'une fin ne hante douloureusement mes rêves. »

Vous auriez pu lui répondre encore, Mademoiselle — : « Je t'aime plus parce que le danger que tu évoques et, qu'au demeurant nous bravons tous les deux, n'existe, en réalité, que pour moi. » Quand une liaison secrète se découvre, l'homme y peut perdre un peu de sa tranquillité; mais la jeune fille y perd certainement son honneur et le respect de toute sa vie. Le jeu n'est vraiment pas égal et un Monsieur qui parle de ses risques personnels, en telle occurrence, prête quelque peu à rire. A moins qu'il ne soit de telle conscience et de telle probité intime que le plus grand malheur qu'il redoute soit d'avoir compromis une autre destinée que la sienne. Mais ceux-là sont rares, et encore ont-ils pris leurs précautions pour ne rien décliner de leur responsabilité et se sacrifier, au besoin, à leur tour. Car les actes sont indifférents, en morale intime, et le seul crime, vis-à-vis de nous-même, est la lâcheté qui en fuit les conséquences prévues. Il n'y a rien à dire à un homme qui, séduisant une fille, est résolu à l'épouser sans aucun motif d'intérêt; qui, faisant un enfant, est prêt à l'élever; qui, tuant, est prêt lui-même à mourir.

L'argument de votre amoureux me touche davantage quand il parle du courage qu'il faut pour aimer encore, quand on a aimé déjà, c'est-à-dire mesuré les abîmes grands ouverts que laisse au cœur l'amour après soi, compté les larmes qu'il coûte et ce grand effeuillement d'illusions qu'il emporte comme une tempête. Mais cela n'est que spécieux. Car, s'il a appris que l'amour n'est pas une chose éternelle, il sait aussi que l'amour est la seule chose qui vaille qu'on brave tout pour elle, et, sans laquelle, vivre n'est plus possible quand on a aimé. Alors le beau mérite de l'affronter encore quand on ne s'en pourrait plus passer! C'est comme un homme qui se croirait héroïque parce qu'il respire, bien que l'air nous donne quelquefois des fluxions de poitrine!

> Après avoir souffert, il faut souffrir encore.
> Il faut aimer encore après avoir aimé!

s'est écrié un des poètes qui ont le plus et le plus mal souffert de l'Amour. Subis donc la fatalité que tu sais inexorable, sans prendre pour cela des airs de matamore, ô toi qui sais bien que tu ne saurais te dérober au combat où tu es, par avance, vaincu! Ne te compare pas au bouillant Ajax pour te ruer encore en une mêlée où les flèches sont à la pointe rose des seins nus et les blessures à la pourpre des lèvres pâmées. Je t'en flanquerai de l'héroïsme, mon gaillard, à ce prix-là! C'est vous qui avez raison, Mademoiselle, et l'homme même, souvent déçu, n'aime vraiment que lorsqu'il a oublié sa propre expérience, s'imagine que, cette fois-ci, ça durera toujours, que tout ce qu'il a vécu n'était que les préludes de sa vie et croit aimer naïvement pour la première fois. Ah! celui-là aime vraiment plus que la maîtresse, moins savante, dont le mérite est moins grand à ne pas se souvenir. Mais ce n'est pas le cas de votre amoureux, puisqu'il doute.

II

Je continue à citer : « Tu me reproches d'aimer moins que toi, dit encore mon amant, parce que je me débats dans les liens qui m'enserrent davantage; qui font peu à peu, du caprice du début, un sentiment profond où se prend tout mon cœur, où se perdra ma raison... J'avais juré de me soustraire toujours à un amour puissant, et me voilà portant des chaînes que je devrais briser et dont je ne peux et ne veux, hélas! me dégager. Tu vois bien que c'est moi qui aime le plus et le mieux, puisque, en désirant t'oublier, je t'adore davantage! — N'est-ce pas, dis-je à mon tour, aimer moins déjà que de sentir l'esclavage de notre amour? Ma tendresse, à moi, n'est-elle pas plus forte, puisque ses chaînes ne me pèsent point et que l'étroite prison, dans laquelle je me suis volontairement claustrée, me semble un paradis dont je ne voudrais jamais être chassée ! »

Je vous répondrai, Mademoiselle, par un petit bout de mauvais latin tiré d'un livre où vous avez lu peut-être quelquefois, au temps de vos puretés virginales, l'*Imitation de Jésus-Christ*. On y lit ces mots : *Magna res est amor, magnum omnino bonum quod leve facit omne onerosum. Nam onus sine onere portat.* Je traduis : l'Amour est la grande chose, la plus grande de toutes ; car il rend léger tout ce qui est pesant et ne sent pas le poids des fardeaux. J'avoue que ce texte est pour vous donner absolument raison. Et vous n'avez pas cependant raison tout à fait. Peu galamment, un peu cyniquement même, à mon avis, votre amant vous avoue que vous n'avez été, pour lui, au début, qu'un caprice. Ce n'était pas assez pour lui céder, Mademoiselle, si vous aviez quelque souci de votre vertu. On ne se lance pas dans une liaison secrète, et, paraît-il, dangereuse, pour aussi peu. Je suis sûre que vous méritiez davantage et l'auriez certainement trouvé. Enfin, ce brave garçon a la franchise, d'ailleurs parfaitement inutile, de vous le dire, et qu'il n'entendait vous compromettre que pour une simple amourette. Dans ce cas, il est fort illogique de lui dire qu'il aime déjà moins, parce qu'il sent son esclavage. Au contraire, il commence seulement à aimer et il l'oubliera seulement le jour où il aimera davantage encore. Quant au serment qu'il s'était fait à lui-même de se soustraire toujours à un amour véritable, il est d'un homme beaucoup moins savant dans la vie qu'il ne croit l'être. Je puis même vous affirmer qu'il n'y entend rien et en sait beaucoup moins que vous. Sans cette ignorance, il se serait aperçu que, dans le monde passionnel, on ne se soustrait à rien du tout, que tout y est fatalité, et que se jurer qu'on n'aimera plus est pour faire s'esclaffer les ivrognes eux-mêmes qui connaissent le néant de ces paroles-là. On n'aime pas quand on le veut seulement ; et c'est votre excuse, à vous qui me semblez avoir aimé un peu à la légère. C'est une loi qu'on subit et qu'on aurait tort d'accuser. Car elle est douce. Vous avez tort, Monsieur, de vouloir « briser vos chaînes ». Celles que les bras blancs des femmes nouent autour des nôtres sont ce que je sais de meilleur dans la vie, et l'invisible filet, dont nous enlace leur chevelure, fait une lente et subtile caresse de cet emprisonnement délicieux.

III

Je cite encore : « Et, pour finir, quel est le sentiment qui a le plus de valeur ? Son amour, avec toutes ses ardeurs, mais ses raisonnements, sa petite pointe de scepticisme voulu, que donne l'expérience... ou le mien, avec les infinis abandons, les aveugles et reconnaissantes tendresses d'un premier amour qui, de la froide jeune fille d'hier, a fait aujourd'hui la femme au cœur tout vibrant de sensations délicieusement nouvelles et inconnues ? » Il faut être un rude orfèvre, Mademoiselle, pour doser le titre d'un sentiment et en apprécier « la valeur ». Je crois cependant que nos sentiments valent d'autant plus que l'égoïsme y est plus étranger et qu'il y entre une plus grande part de sacrifice. La moralité des actes m'a toujours paru pouvoir se définir par le rapport entre ce qu'ils nous donnent de satisfaction et ce qu'ils en sacrifient à un idéal plus haut que nous-mêmes. Lequel de vous deux apporte le plus de désintéressement dans sa tendresse ? Voilà ce qu'il faudrait savoir pour vous répondre. Actuellement vous y trouvez, tous les deux, votre compte. Vous, jeune fille d'hier, en savourant l'ivresse de « sensations délicieusement nouvelles et inconnues ». Vous, jeune homme d'autrefois, en exhalant comiquement les plaintes d'un martyre dont vous ne voudriez, pour rien au monde, être soulagé, Car c'est de charmants instruments de supplice qu'une bouche rose et fraîche qui vous baise, qu'un épanouissement de tendresses ingénues qui vous étreignent, qu'une floraison de caresses qui s'ouvre pour vous seul et vous ouvre le ciel. On envie plus qu'on ne plaint ceux qui sont suppliciés de cette façon et vous avez choisi là un genre de mort intermittente qui fait tout à fait honneur à votre goût. Tant que vous en serez à cet échange d'enchantements, je ne vous dirai pas ce que vaut votre amour, à l'un et à l'autre. J'attends que quelque traverse y mette à l'épreuve vos deux cœurs. Alors je saurai ce que pèse ce scepticisme, faux peut-être, et ce que cette reconnaissance, actuellement toute sensuelle, a de vivace. Vous n'en êtes encore qu'au jeu de l'amour. Son grand combat vous attend où se mesurent vraiment les âmes. Les dangers que celui-ci brave avec quelque ostentation puérile, que celle-là oublie par enfantillage peut-être plus que par passion, se feront réalités. Celui qui aime le plus est celui qui apportera, à la lutte, le plus de courage et surtout d'abnégation, celui qui sera fidèle à la douleur comme à la joie, celui qui sera heureux de souffrir plutôt que d'oublier!

Ce qu'il faut entendre par le cœur

I

Es chérubins nous font voir dans leurs poses
Ce que Boufflers intitule le cœur,

dit une chanson plus que légère. Ce n'est pas de celui-là certainement que vous me parlez, Madame, vous qui m'écrivez une lettre dont je devine à merveille le sentiment, mais dont les expressions un peu troublantes, dans leur vague, me rendent la réponse difficile. Il est clair que vous me plaignez de mes préoccupations trop exclusivement plastiques, en amour, et m'y voudriez voir mêler quelques éléments de morale. Vous pensez, je crois, que l'estime est nécessaire en amour. Baudelaire vous aurait répondu, avec sa géniale brutalité :

> Maudit soit à jamais le rêveur inutile
> Qui voulut, le premier, dans sa stupidité,
> S'éprenant d'un problème insoluble et stérile,
> Aux choses de l'amour mêler l'honnêteté !

Il est juste que vous ajoutez n'entendre parler que de « l'amour *vrai* ». Vous me ferez bien plaisir en me disant quel est l'autre ? L'amour dont on souffre, l'amour dont on meurt est-il vrai ? Croyez-vous que l'amour d'Antoine pour Cléôpâtre, celui de Des Grieux pour Manon — car les personnages de l'histoire et du roman sont pareils devant la synthèse passionnelle — fussent des amours vrais ? Il ne me semble pas qu'ils aient eu précisément pour fondement l'estime. Vous me reprochez aussi visiblement « d'envisager » le Beau toujours « par le même côté ». C'est qu'en amour le Beau, comme le Vrai, ne me semble sujet à aucune méprise. Il est ou il n'est pas. Je vous concéderai qu'il peut être quelquefois dans la physionomie autant que dans la régularité des traits. Mais c'est seulement pour quelques élus. Et puis cette physionomie elle-même, que vous considérez comme un fidèle miroir de l'Ame, peut être menteuse. Je tiens donc que le plus sûr est l'harmonie plastique des formes et

du visage, la splendeur des chairs, l'opulence des cheveux, le beau dessin des lèvres et de la gorge, toutes choses qui ne sont pas sujettes à mentir. Le regard et le sourire peuvent être imposteurs, non pas la couleur des yeux et la courbe de la bouche. Mais il est entendu que vous cherchez, pour aimer, au delà de la Beauté. Je vous trouve difficile et je me demande où vous trouvez cet au-delà. Car la Beauté me semble le dernier mot, la suprême raison de tout ce qui existe. Ce qu'il vous faut, c'est « le cœur ».

Voilà le mot qui m'inquiète. En amour je je n'en vois pas d'autre définition que celle que je vous donnais tout à l'heure. Le « cœur », c'est par quoi l'on souffre. Or, le choix en nous, de cette souffrance divine, n'est pas libre et nous n'avons pas à en approfondir les fatalités. Que vous feriez étroite et mesquine la grande loi passionnelle qui régit l'humanité, depuis l'origine des âmes, en la restreignant à des sélections volontaires, en l'abaissant aux scrupules de la raison et aux révoltes de la conscience ! Vous lui ôteriez vraiment tout ce qu'elle a de divin et de mystérieux et nous, les vrais amants, nous repousserions cette souffrance qui ne nous viendrait pas de plus haut que nous, du sommet même des autels où les encens païens fument toujours, rouges encore du sang des victimes humaines aux pieds du spectre immortel de l'unique Beauté ! Ah ! laissez-nous, du moins, la grandeur douloureuse du plus sublime de ces rêves, à nous qui ne cherchons, dans les caresses, que les délices de l'anéantissement.

II

Vous dites encore : la femme qui est seulement belle... Seulement ! C'est cruel à dire : mais seulement celle-là a une raison d'être, même au point de vue de la dignité des races, dans la reproduction. Il faudrait que toutes les mères de famille fussent belles pour que l'humanité ne déchût pas ! Leur ventre ne doit pas être seulement un sillon où le grain germe, mais un moule auguste où le cerveau prend son empreinte, où se modèlent les muscles pour les rudes travaux de la vie. Vous voyez donc que celui-là est un vertueux et un sage qui recherche la beauté noblement physique dans la femme. Ne demandez pas à une autre cause le prestige des mariages d'amour, devant la conscience obscure, mais au fond sagace des foules et le mépris, insuffisant à mon gré, qui s'attache aux mariages d'argent. Car ceux-là sont des malfaiteurs qui jettent des avortons par le monde, même

habillés de soie et de velours. Ils crachent dans les sources de la vie où viennent boire toutes les forces de l'avenir. Aimer la femme pour sa beauté est le premier des devoirs, Madame. L'Amour qui s'attache aux splendeurs plastiques est tout simplement le sauveur de la souche humaine et en retarde l'abâtardissement. Ah ! vous êtes généreuse en convenant que « la femme seulement belle peut inspirer de la Passion » ! Mais vous avez tort d'ajouter qu'elle ne saurait inspirer l'Amour vrai, et de corroborer cette monstruosité par le commentaire suivant : « C'est pour cela que des femmes de cœur ne se donnent pas, dans la crainte de n'être aimées que pour des charmes fragiles et sujets à passer avec l'âge. »

Oh ! Madame, comme je trouve que la vraie morale est de mon côté ! Sous le prétexte que vos charmes sont fragiles, vous en refusez la joie à qui vous aime et, parce qu'ils passeront, vous jugez inutile d'en user dans leur fleur. Vous êtes, à la fois, égoïste pour les autres et cruelle pour vous-même. Est-ce donc une folie de respirer aujourd'hui la rose parce qu'elle ne sera demain qu'un effeuillement, et ignorez-vous le délicieux parfum que gardent encore les roses défleuries? Ainsi, pour qui vous a aimées, ô femmes, dans l'épanouissement de votre jeunesse et de votre beauté, un arome subtil de vos charmes défunts demeure un aveuglement très doux où s'effacent vos rides, où vos lèvres reprennent les carmins longuement baisés d'autrefois ! Le souvenir est un magicien dont vous ignorez le pouvoir et les ingénieux mensonges. Mais, en dehors même des amants passés, pour les amants des autres et qui passent seulement, mais qui ont au cœur des ferveurs pareilles, la femme qui a été vraiment belle conserve un prestige indélébile, un glorieux stigmate devant lesquels s'agenouillent tous les respects. J'oserai dire qu'une femme qui a été vraiment belle l'est toujours. C'est même à cela que se mesure la véritable beauté. Ne soyez donc pas si économe, Madame, de ce qui ne s'use pas d'ailleurs autant que vous le croyez. Vous ignorez l'essence même de l'amour, si vous ne savez pas qu'elle est dans l'abandon, dans le sacrifice incessant de tout son être, dans le désir de s'abîmer éperdument en un être plus beau, en l'idéal vivant que dresse devant nous la Beauté ! La femme qui aime vraiment craint toujours, au contraire de vous, de ne se pas donner assez. Elle ne se voudrait plus belle encore que pour accorder davantage, davantage et à jamais. Car ce n'est pas aimer que de se garder pour d'autres amours.

III

Ah ! le cœur. Ce cœur dont vous parlez tant ; ce cœur qu'il vous faut, pour l'amour vrai que vous souhaitez, mais il est fait de ces tortures que vous repoussez par un souci impie de votre tranquillité. Il est fait de ces terreurs et de ces désespoirs devant l'irrémédiable néant humain, mais aussi du courage joyeux dont on les savoure et dont on les brave. Il est fait des battements dont l'approche du bien-aimé ou de l'amante emplit notre poitrine, et le sang qui le soulève, en rythmes tumultueux, est celui dont nous voudrions rougir les pieds divins de la Beauté.

Ceux-là ont aimé vraiment qui ont aimé ainsi, dans le rêve d'une mort très douce parce qu'elle réchauffait, pour ainsi parler, une autre vie et que le dernier souffle en était bu par des lèvres adorées. Si vous n'avez été jaloux de ce qui meurt pour celle que vous aimez, vous ignorez de quels désirs éperdus, monstrueux et fous, est fait le véritable amour, celui sous lequel la splendeur plastique nous écrase, envieux de l'insecte qu'un pied de femme foule dans le sable !

Les sens ! vous appelez cela : les sens !
Mais trouvez-moi donc d'autres moyens de
vivre, c'est-à-dire d'aimer, que par et pour eux !
Nous sommes en cela dupes de la grossièreté
des méthodes qui ne nous en reconnaissent

que cinq, quand tout
prouve aujourd'hui que
nous en possédons une infi-
nité d'absolument subtils,
défiant le temps et l'espace.
C'est de ceux-là que s'en-
tretiennent, sans doute,
les mouvements de notre
cœur. Car il est une certaine immatérialité de
la matière indéniable maintenant. Mais demeu-

rons dans le domaine de la philosophie pure, celle que nous enseignent l'exemple des autres hommes et nos propres tourments. Vous abaissez l'amour, Madame, en croyant le grandir par je ne sais quels soucis d'estime et de moralité. Il est fort au-dessus de nos honnêtetés humaines et est cependant susceptible d'une honnêteté supérieure à toutes les autres : celle par laquelle on se donne tout entier et sans rien retenir de soi-même. Sa grandeur réside dans l'absolu de cet abandon, dans cette abnégation sublime de tous les intérêts, dans cette immolation sans merci. Ce fut la loi des plus glorieux amants et ce sera celle de tous les amants à venir dignes de ce nom. Mais n'en cherchez pas ailleurs la sanction que dans le pouvoir infini de la Beauté, source de toutes les joies, absolution de tous les crimes, culte éternel de toutes les grandes âmes !

Le jeu dangereux

I

un l'oreiller mouillé des doubles larmes du repentir et du pardon, les deux têtes, exangues de plaisir se cherchent encore des lèvres, et ces baisers ébauchés y meurent sans se rencontrer, cependant que, jusqu'au bout des doigts inertes, passe le frisson des chairs absentes, et qu'entre les yeux aussi, se dresse une barrière, un voile impénétrable

où se brise le vol trop court des regards. C'est l'anéantissement délicieux qui suit les jouissances trop fortes, ce semblant de mort qui nous jette au seuil du Paradis. Il semble qu'elle ne se soit jamais si bien donnée, dans un abandon plus complet; que jamais ses caresses n'aient eu cette acuité désespérée ; qu'on ait franchi la porte d'un monde nouveau de caresses inconnues. Ce n'a pas été seulement le plaisir que la possession donnait toujours, mais un plaisir doublé par la cessation d'une douleur. De tout ce qu'on a souffert, par le doute ou par quelque autre cause, s'est accrue l'immense joie, et l'impression de monter plus haut nous est venue de monter du fond d'un abîme. Tout ce qui n'était plus qu'un écroulement s'est relevé comme un palais de féerie, avec des ombres plus douces et plus fraîches. L'immense contraste entre l'état douloureux où l'âme était plongée et l'extase d'où elle sort nous écrase, comme un excès de bonheur. Si la jalousie — et c'est le cas le plus fréquent — avait été le motif de la querelle, la jouissance s'est exaspérée encore d'une impression malsaine, des piqûres d'un aiguillon infâme et c'est comme la félicité féroce de l'avare qui a retrouvé son trésor. Quoi qu'il en soit, tous ceux qui ont pardonné ont passé par cette extase farouche d'un moment où les facultés d'aimer physiquement sont

4

incontestablement décuplées. Aussi ai-je entendu bien des femmes dire qu'il était bon de se fâcher quelquefois, pour les joies infinies de la réconciliation, et j'en sais même qui amènent volontairement des bouderies pour le plaisir du rapprochement qui les suit.

Fâcheuse méthode, en amour, et dont je veux ici signaler les dangers.

II

Il est certain qu'en amour nous arrivons, l'un à l'autre, avec une certaine somme d'illusions réciproques. Entendons-nous à ce sujet. Il ne s'agit pas d'illusions sur la somme de plaisir que nous recevrons l'un de l'autre. J'estime, qu'en cette matière, le rêve est souvent très inférieur à la réalité. La possession de l'être longtemps souhaité, dont la beauté a dompté, en nous, tout autre désir, est un bonheur d'une essence si absolue, si parfaite, que tout ce qu'on a pu imaginer nous semble ordinairement n'avoir été rien. Cela tient à la raison bien simple que nous sommes les vrais ouvriers de notre propre joie et que celle que nous tentons d'y associer, dans une communauté de corps et d'âme, n'en est jamais que l'occasion. C'est ce que j'ai fait observer déjà, en montrant le néant de la jalousie, puisqu'un étranger ne saurait rien nous prendre, au fond, de notre bonheur intime, pas plus qu'un musicien ne vole Beethoven en jouant un morceau de sa composition sur un violon lui ayant appartenu. Ce que nous aimons, c'est l'amour, dans un être qui nous en fournit le motif. Donc, les illusions dont je parle, et qu'il faut absolument garder, ne tiennent pas au rôle purement physique des liaisons nouvelles. Là nous sommes sûrs de trouver notre compte, parce que nous le portons en nous, comme le sage Bias toute sa fortune.

Ce qui nous est illusions, c'est les qualités d'adaptation de l'instrument qui se livre à nous, la façon dont son être moral se prêtera à notre rêve physique. C'est l'approfondissement mystérieux de la nature qui va nous imposer sa compagnie, qui constitue un fragile et délicat élément de bonheur et de durée. Eh bien, ne nous penchons que timidement au bord de l'abîme et ne cherchons pas trop à deviner le fin des fins. Contentons-nous d'être heureux de tout ce que la beauté nous donne et n'interrogeons pas trop la Femme dans l'Amante. Nous aurions souvent sujet de nous en repentir.

On dira tout ce qu'on voudra. Mais entre les âmes féminines et les nôtres, il existe un éternel malentendu et nous ne parlons pas la même langue, celles que nous aimons et nous. Gardons donc nos lèvres pour les baisers plutôt que pour la didactique passionnelle. Nous nous apercevrions bien vite que nous ne nous comprenons pas. Voilà ce qui nous doit guérir, comme d'une chose inutile, de toute tentation de dispute. La conscience n'est, après tout, que l'aptitude à considérer certains faits comme permis et certains autres comme défendus. C'est sur la nature même de ces faits que les femmes diffèrent, d'ordinaire, de conception avec nous.

Ah! ce bonheur tant souhaité, qui vous a paru plus que la vie, conquis par toutes les soumissions de votre âme, par tous les respects éperdus de votre pensée, par l'abandon de toutes vos autres joies, par des mélancolies immenses et par des patiences infinies, si vous saviez comme il est fragile, au fond. Il risque fort de s'écrouler le jour, où vous remémorant la somme de vos sacrifices vous aurez l'étrange fantaisie de vous demander si l'être qu'ils visaient en était moralement digne! Fuyez ce jour-là; car sa menteuse lumière n'apporterait, dans vos cœurs, qu'une inexorable nuit.

III

Cette miséricorde que vous gardez pour les fautes découvertes, exercez-la, tous les jours, sans trêve, à ne les pas découvrir. Ayez le respect de votre rêve. Même lorsqu'il s'appelle Musset, j'ai horreur de l'homme qui se complaît à salir ce qu'il a adoré. Le beau mérite de proclamer, même à ses propres yeux, qu'on a été une dupe! Et puis, ce n'est pas vrai. Je plains celui qui, ayant possédé celle qu'il aimait, même à tort (comme si on pouvait avoir tort d'aimer!) trouve qu'il a été dupe. De quels sens glacés était donc faite son ivresse qu'il n'en a pas gardé comme un parfum de l'Infini? C'est le souvenir de cette heure inoubliable, de cette heure sacrée qui doit nous rendre cléments les uns aux autres, et plus doux que des Christs pardonnant même à l'adultère. Le plus grand mérite de Jésus a été qu'il n'avait rien obtenu de la femme coupable, en l'absolvant. Le premier baiser qu'une femme souhaitée nous donne devrait emporter le pardon de tous ceux même qu'elle nous volera. Et ne croyez pas que je vous prêche là une morale lâche. Ce n'est jamais une lâcheté que savoir souffrir. Qui met de la dignité en amour, est bien près de ne plus aimer.

Et c'est là le seul malheur qu'il faut redouter en cette vie. Quand la femme vient à vous, vos vœux enfin exaucés, elle est tout mystère et c'est un sphinx qui vous attire autant qu'une Beauté qui vous charme. Qu'elle demeure telle pour vous, aussi longtemps que cela sera possible. Vous imaginez-vous que vous atteindrez jamais au fond de ce gouffre qui est sa pensée? Non, n'est-ce pas? Eh bien alors, pourquoi vous pencher au-dessus, dans l'espoir douloureux d'y voir se réfléter quelque étoile que votre ciel ne connaît pas? Celui-là n'a jamais regardé dans les yeux d'une femme qui ignore à quelles profondeurs habitent les intimités de son rêve, de quels lointains constellés elle nous épie sans que nous l'y puissions surprendre nous-mêmes. C'est terrible et c'est charmant. Et nous vivons de

cette inquiétude autant que de notre bonheur.

L'amante ne doit être, pour nous, qu'un hôte que nous traitons de notre mieux, que nous tentons de garder le plus longtemps possible. Il est de pratique physique que nous n'arrivons aux vraies joies que l'amour comporte, que par la coutume l'un de l'autre, par une certaine habitude des caresses que rien ne remplace. « Sa bouche était à la mesure de la mienne », a dit un écrivain charmant. Ce n'est pas du premier baiser que se fait cette commune mesure. Voilà ce qui nous doit enseigner la constance, comme le plus honnête des raffinements en matière de volupté. Vous me direz que beaucoup d'hommes aiment le changement. Vous me permettrez de vous répondre que ce sont des amants médiocres, des gens à courte vue passionnelle, des âmes manquant de portée. Qui ne sait s'attacher à une femme est certainement un mâle mal doué, j'entends superficiellement, un amoureux de la quantité plutôt que de la qualité.

Ceci bien établi, quel encouragement à la condescendance volontaire en amour, laquelle, seule, permet les liaisons durables, celles que paye un réel courant de volupté ! Quelle raison de ne se point chercher de défauts, de ne se pas chagriner inutilement. Le temps de la possession ne doit se ressembler en rien avec l'autre et doit être exempt de toute coquetterie.

Mais, me direz-vous, cette joie éperdue de la réconciliation ?

Eh bien ! il faut en faire le sacrifice ! C'est d'ailleurs un mot seulement qu'on sacrifie. Et le pardon aussi est un mot. Allons au fond des choses. Pardonner à quelqu'un, est-ce oublier l'offense qu'il vous a faite ? Pas le moins du monde ! Vous n'êtes pas maître de votre mémoire. C'est s'engager simplement à ne lui pas tenir compte, dans la suite, de la peine qu'il vous a causée, pour lui en causer une pareille. Eh bien ! vous avez beau être de bonne foi, cette magnanimité, en amour du moins, ne représente non plus absolument rien. Très inconsciemment, avec la volonté du contraire, vous tiendrez compte de la faute pardonnée, parce que votre tendresse sera diminuée d'autant. Dans ce baiser du pardon, dans cette étreinte du retour, ce n'est pas nos rancunes qui s'en vont de nous, à moins que nous ne les échangions. Le spasme délicieux passé, l'oubli de nous-même, le sommeil d'un instant où toute notion nous fut perdue, dissipés, nous nous retrouvons face à face avec le souvenir. Que nous le voulions ou non, une pierre est tombée de l'édifice de notre Rêve, une épine a crû dans le buisson qui sépare les deux routes, tout emperlé de notre sang. Les querelles fréquentes et volontaires sont un abaissement de l'Amour et ne lui laissent plus la gloire cruelle de s'écrouler avec quelque grandeur, en laissant derrière lui une grande image. Nous ne sommes plus le bûcheron qui renverse l'arbre géant d'un rude coup de sa cognée, mais l'insecte honteux qui en ronge l'écorce et met des lèpres là où s'épanouissaient les frondaisons.

Or donc, amants pour qui j'écris, je vous devais cette page de franchise. Contentez-vous de vous aimer à pleine âme et à pleine bouche sans demander de douloureuses surprises au Destin. Peuplez le jardin de votre âme, non pas de fleurs délicieusement vénéneuses, mais laissez-y s'épanouir largement les roses au cœur loyal et aux lèvres toujours parfumées !

Faut-il être jaloux?

I

Je ne crois jamais avoir assez parlé des choses de l'Amour — du moins avec le sérieux qu'elles comportent. Oui, trop souvent je me reproche de laisser sans réponse les lettres où me sont soumis des cas de morale passionnelle, non que le goût de traiter ce genre de questions soit moins vif chez moi. Mais je sais qu'il est un public qui préfère les contes joyeux. Pour les lecteurs moins épris de verve gauloise que de sentimentalité, je veux cependant poursuivre mes courtes études, et mes correspondances d'autrefois peuvent librement mettre à l'épreuve une expérience que quelques années ont faite plus respectable encore. Car je suis au temps de la vie où, s'il n'est plus permis d'aimer autant, on peut davantage se souvenir.

> Sous le fouet sanglant des âpres destinées,
> Du terrestre chemin j'ai franchi la moitié,
> Et j'atteins le sommet des viriles années
> Que du temps à l'Amour mesure la pitié.
>
> J'ai monté jusqu'ici; bientôt je vais descendre,
> Traînant des jours vécus le néant et le bruit,
> A l'éternel bûcher portant mon lot de cendre
> Et ma part d'âme errante aux souffles de la nuit.
>
> De mon double horizon le voile à mes yeux tombe;
> Enveloppant mon sort d'un regard triste et sûr ;
> Déjà loin du berceau, déjà près de la tombe,
> J'en mesure la route égale sons l'azur.

Et, de ce mélancolique retour au passé, la seule impression qui me demeure est que j'ai perdu tout le temps que je n'ai pas donné à l'Amour ; et, de ce coup d'œil inquiet sur l'avenir, rien ne reste en moi, que la crainte de ne plus assez aimer. Pour les amants qui viendront je veux, du moins, écrire ce que m'ont appris mes propres joies et mes propres tourments, leur montrer, sur le chemin, les fleurs qu'ils oublieraient peut-être de cueillir, en arracher les épines qui, sans doute, déchireraient leurs pieds. Cette science est l'unique héritage que m'aient laissé les anciennes tendresses, avec le trésor de mes souvenirs. Je n'en saurais plus faire grand'chose pour moi-même et ce m'est une pensée douce que d'autres, plus heureux, pour qui le printemps des baisers se lève, en profiteront. Elle ne leur apprendra d'ailleurs rien autre chose que ce que La Fontaine a si bien dit dans ce seul vers de Psyché :

Aimez! aimez! tout le reste n'est rien!

II

« Faut-il être jaloux ? » me demande, avec un admirable sérieux, un échappé de collège. Prenez garde, jeune homme. Vous m'interrogez sur le point de la philosophie passionnelle où je crains le plus de penser autrement que mes contemporains.

Je ne parle pas, au moins, des jurys qui font communément de la jalousie l'excuse de l'assassinat. Car tout est aujourd'hui excuse au meurtre, et principalement le plaisir qu'on a pu prendre à le commettre.

N'être pas d'accord, sur cela, avec la magistrature de mon pays, me serait fort indifférent. Elle s'entend au respect de la vraie morale comme moi à la rédaction des encycliques. Non, ce n'est pas l'opinion des gens de prétoire qui m'inquiète. C'est celle de ce groupe bien autrement respectable et intéressant des Amants de profession, mes confrères. Donc, pour ceux-là seulement, je me demande aussi « Faut-il être jaloux? »

Que ce soit un sentiment de nature que subissent, à l'origine, ceux-là mêmes qui avaient résolu de le railler ou de s'y soustraire, voilà qui est certain. Car il n'est pas de déchirement plus affreux au cœur que celui que nous fait la découverte de n'être pas aimé. Que je voie celle dont la bouche me semble le seuil du paradis, tendre, dans l'ombre, ses lèvres tant souhaitées à un autre, j'en conçois une épouvantable douleur, celle d'un rêve qui s'écroule, celle d'un bonheur dont les ruines écrasent le cœur.

Mais contre qui et contre quoi se révolter, je vous prie ?

Contre la femme qui vous a menti ? Et, n'êtes-vous pas, aussi bien qu'elle et souvent plus qu'elle, l'auteur de vos propres illusions, l'artisan de vos espoirs soudain désespérés ! Pourquoi avez-vous cru trop vite et sans une raison suffisante de croire ? Qui sait d'ailleurs si cette perfidie native n'est pas un des charmes les plus cruels, mais les plus vivaces de notre délicieux bourreau dans cette vie ?

Alors contre celui qui en a reçu la sournoise et rapide caresse ? Ce serait absolument manquer de fierté, et d'ailleurs parfaitement inutile que lui disputer un bien dont il est certainement plus près que vous maintenant. Contre cette fatalité de l'inconstance ? Ah ! s'il nous fallait maudire toutes les lois qui, loin de réfréner nos passions, les aiguisent pour la douleur, l'existence ne serait plus qu'un continuel blasphème. Néanmoins, si c'est la jalousie qui vous cause cette torture épouvantable je n'y vois qu'un remède : la retraite immédiate si vous êtes vraiment un homme ; le pardon, hélas ! si vous êtes homme au point d'être lâche, en tous cas le plus douloureux des sacrifices ou la plus humiliante des abnégations. Un meurtre, jamais ! Celui que la jalousie fait commettre est le moins excusable de tous, puisqu'il ne sert de rien, ne rendant même pas, à celui qui le commet, l'amour.

III

Il n'y a pas à demander de logique d'ailleurs à un sentiment qu'il faut tuer, en soi, pour qu'il ne vous emporte pas à tuer vous-même. J'ai vu des hommes jaloux du passé d'une femme et lui jetant à la face des liaisons qu'ils connaissaient à merveille quand ils s'en sont épris. J'ai entendu des imbéciles appeler ce comble de la folie un comble de l'amour! Si vous n'avez pas cru, ne fût-ce qu'un moment, que l'amour, que vous espériez inspirer, a tout renouvelé dans le cœur de la femme comme celui que vous avez ressenti pour elle a tout renouvelé dans votre propre cœur, vous n'avez pas le droit de parler au nom de l'amour qui est, avant tout, ce sublime renouveau, cette admirable et constante métamorphose, ce feu divin qui nous fait sans cesse renaître de nos propres cendres. Jaloux du passé? Je me demande ce que cela peut bien vouloir dire pour un homme ayant gardé la puissance virile d'aimer.

Mais la jalousie du présent, la seule admissible? J'arrive ici à un point délicat. Car nous vivons dans une société pleine de compromis-

sions où la pureté idéale de liens uniques et éternels n'est permise qu'à quelques privilégiés. Le plus souvent, ceux qui se rencontrent, assoiffés de tendresses nouvelles, ont les pieds et les mains, sinon le cœur, retenus par mille entraves. La vérité est qu'il faut s'aimer comme on peut, dans un monde où l'on ne s'aime pas comme on veut. Tout briser pour se jeter héroïquement dans les bras l'un de l'autre? C'est sublime, mais souvent difficile — ce qui ne serait rien, les intérêts matériels ne comptant pas dans les hautes révoltes de l'Ame — c'est crâne, mais c'est presque toujours odieusement criminel. Ces chaînes que vous rompez avec délices, elles tenaient à d'autres cœurs que vous déchirez en les brisant. Avec leurs anneaux vous jetez, au vent, des lambeaux vivants et qui saignent. Chose horrible et absolument coupable! Ce n'est pas vous que vous sacrifiez. Ce sont les autres! Ce n'est pas vos douleurs que vous offrez en holocauste sur un nouvel autel, mais les douleurs d'êtres qui vous aimaient et dont ce n'est pas la faute si vous ne les aimez plus! Versez tout le sang de votre poitrine si cela vous convient, aux pieds de l'idole, c'est votre droit! mais pas une larme d'autrui. C'est un crime. Ah! cela vous paraît dur, jeune homme, qu'il faille aimer seulement comme on peut; et c'est cependant la loi des sages et de ceux qui vraiment croient à l'amour. Demandez-vous alors ce que devient la jalousie dans ces résignations nécessaires, lesquelles sont peut-être une perversité de notre nature mais non une perversité dont nous soyons responsables. Un meilleur état social nous pourrait-il ramener à des mœurs plus dignes? Nous en sommes si loin que je ne saurais en préjuger, l'abaissement des mœurs semblant s'accentuer au contraire. Mais prenons-les comme elles sont. Très légitime la douleur du mari quand il découvre l'existence de l'amant, très légitime et très logique. Mais, s'il châtie, c'est au nom de l'honneur, et non pas au nom de l'amour qui ne renaît pas dans le sang versé.

IV

Et les cocasses aventures que nous voyons à côté du drame de la jalousie conjugale ! Il y a aussi des amants qui sont jaloux des maris. Je mets à part les tempéraments qui font de l'amour un délassement purement hygiénique, une gymnastique de santé comme l'hydrothérapie, et je voudrais même que l'Académie française, qui nous doit bien un petit service après plusieurs siècles d'existence, trouvât un nom moins noble que celui d'Amour pour ces singuliers amoureux. Je parle de ceux qui y apportent, avant tout, un sentiment psychique élevé, et qui y cherchent un sentiment plutôt que de simples sensations. Eh bien, mais? Il est certainement le préféré — c'est-à-dire le plus aimé — cet amant à qui demeure relativement fidèle, dans la possibilité de son état, une femme qui ne lui a rien juré et qui ne lui doit rien. Qu'est-ce qui lui manque? qu'est-ce qu'on lui prend ? La même femme ne donnant jamais deux impressions identiques à deux hommes différents — car c'est en nous, et non dans la femme, qu'est la source des impressions qu'elle en fait seulement jaillir, — celui-ci ne vole jamais rien à celui-là.

Amant ou mari, aimer comme on peut, c'est une devise mélancolique, mais la seule qui convienne à notre temps. Nous sommes enfants d'un siècle déchu des anciennes extases dont le ciel et la terre, la mer et les étoiles, étaient pris à témoins. Mais le besoin d'aimer est resté là, dans notre être, violenté mais non pas étouffé par l'absurdité des conventions sociales, détourné de son cours fleuri mais non pas desséché. Ce n'est plus un fleuve superbe qui coule, reflétant l'azur constellé, mais une source obscure, qui se disperse en mille bras où tremble pourtant, encore, l'image des astres d'or. Bien que déparé de sa splendeur originelle, il demeure cependant ce qu'il y a de plus beau ici-bas et seul, y porte, en soi, les reflets célestes de l'Infini.

A ceux qui se rencontrent le cœur grand ouvert et les mains tendues, il faut dire : Aimez-vous! Aimez-vous sans savoir ce que vous avez été ni même ce que vous êtes! Ce que vous êtes? Des malheureux dont les lèvres sont sèches et altérées de baisers, les victimes du printemps éternel. Aimez-vous, même dans le semblant d'opprobre de votre rêve écroulé et de vos illusions perdues, comme dans une ombre cruellement tutélaire. Aimez-vous, même en ayant perdu le droit sublime d'être jaloux!

Des différentes façons d'être belle.

I

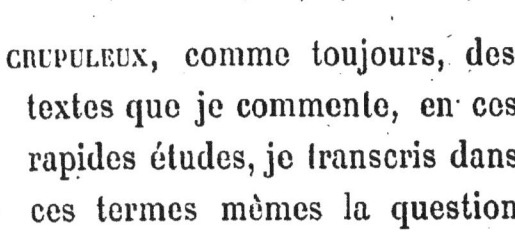

SCRUPULEUX, comme toujours, des textes que je commente, en ces rapides études, je transcris dans ces termes mêmes la question qui m'est posée et à laquelle je tenterai de répondre aujourd'hui. Ce que je désespère d'en reproduire, c'est le griffonnage subjectif. J'ai reçu récemment, de son auteur lui-même, un traité de graphologie, et, avec une sincérité parfaite, j'essaye d'en appliquer les principes aux écritures des femmes qui me font l'honneur de m'écrire. Je n'en ai pas rencontré encore une seule qui ne fût inquiétante et qui m'inspirât l'idée d'une vie tranquille avec celle qui l'avait tracée. Comme les peuples heureux, les femmes enviables n'ont pas d'histoire. Quel état d'âme bizarre peut pousser mes correspondantes à me consulter sur des points où l'avis d'un homme ne leur peut être qu'une curiosité, la façon de penser et de sentir, ayant, avant tout, un sexe, et le cœur ne parlant pas la même langue chez l'homme et chez la femme ? Cette fois-ci, cependant, c'est une opinion masculine avant tout qu'on me demande et je l'entends donner avec une parfaite sincérité.

« Vaut-il mieux pour l'honneur — mari ou amant, n'importe ! — (comme vous avez raison, Madame !) et au point de vue de son bonheur sensuel (merci de tant de sollicitude !) d'avoir une femme correctement belle comme tête, mais cachant sous les artifices de sa toilette — si grands, hélas ! aujourd'hui ! — plus d'un défaut de structure plastique, ou une femme malplaisante de figure, mais bien faite et largement pourvue des détails que vous vous complaisez à décrire ? »

J'entends fort bien, Madame, les détails dont vous parlez et qui sont de ceux qu'on assied dans un fauteuil. Que voulez-vous ! J'ai la folie des grosseurs, à ce point de vue, comme d'autres ont celle des grandeurs. Vous me permettrez de la trouver moins dangereuse. Mais que vous m'embarrassez, dans ma ferme intention d'être véridique avec moi-même, en ajoutant : « Je suis forcément intéressée dans la question, un de ces deux cas étant le mien. »

Dans lequel des deux vous trouvez-vous, Madame ? — Voulez-vous parier, avec moi, que c'est dans le second, celui des femmes mieux dotées du corps que du visage ? Sans cela pourquoi médiriez-vous de la toilette ? C'est une singularité réservée aux personnes qui auraient avantage à se montrer toutes nues. Mes compliments ! Si je me trompais cependant? Une femme est rarement assez modeste pour qualifier, elle-même, sa figure de déplaisante. Avez-vous de beaux yeux et de belles dents? Alors vous exagérez. On n'est jamais absolument laide avec du ciel dans le regard et de la fraîcheur dans le baiser. D'ailleurs vous avez plu à quelqu'un — mari ou amant n'importe ! — puisque vous vous demandez ce que vaut son lot. Il est vrai que nous vivons en un temps où les hommes sont moins difficiles, en matière de beauté, que ceux des grands siècles où les courtisanes belles étaient traitées en déesses. Allons! je ne sais toujours pas si c'est le nez que vous avez trop grand ou le séant trop petit. Pardonnez ma franchise à mon ignorance, si elle a quelque chose de blessant pour vous.

II

> Rien n'est plus doulx qu'un doulx visaige

a dit un vieux poète français dont je consentirais volontiers à être le petit-fils. Mais un autre a écrit, dont j'aimerais mieux encore être le filleul :

> Corps féminin qui tant est tendre,
> Polly, souëf et prétieulx !

Un premier point à connaître, Madame, et vous ne pouvez le négliger, parce que vous vous dites personnellement intéressée dans la question, c'est quel est l'homme dont il s'agit d'assurer le bonheur sensuel. Car cela dépend, avant tout, de la délicatesse plus ou moins grande de ses sens. Un hasard malheureux (on devrait bien avoir le droit de choisir la date de sa naissance) m'a fait le contemporain d'un monde de bêtes politiques pour lesquelles je professe un mépris cordial, surtout parce qu'elles n'apportent aux choses de la passion — les seules intéressantes ici-bas — aucune préoccupation artistique. Dans mon for intérieur, je préfère infiniment, à ces animaux parlementaires, les ruminants et les fauves qui choisissent leurs femelles avec une liberté autrement désintéressée. Oui, Madame, j'en fais l'aveu humiliant, mais les hommes d'aujourd'hui manquent absolument, en général, de goût et de délicatesse en matière de beauté. Ils manquent surtout de ce noble emportement qui, dans les races supérieures, prosternait, aux pieds de la femme divinisée, l'or vivant des lauriers et le sang rouge des victoires. Dans ce temps-là, qui était le beau, on brûlait Ilion pour Hélène. C'est maintenant pour des questions de douanes qu'on incendie les cités. Avouez, avec moi, que ces goujats n'ont pas le droit d'être bien difficiles. A un vague besoin de reproduction, qu'ils parta-

gent avec les bacilles en leur demeurant inférieurs dans l'espèce, ils ajoutent une pointe d'amour-propre qui en fait des citoyens. Une femme d'une structure quelconque, avec un visage qui fasse dire aux imbéciles qu'elle est jolie, est tout ce qu'il leur faut. Ce n'est pas, je le suppose, de cette racaille passionnelle que vous voulez assurer le bonheur. Non! vous n'avez pas cette modestie et il s'agit d'un homme — mari ou amant — comme il en est peu d'ailleurs aujourd'hui, c'est-à-dire ayant un tempérament sincère, un amour vrai de la femme et une âme, au moins inconsciente, d'artiste. Celui-là vaut seul que sa félicité sensuelle vous intéresse un instant. Eh bien! pour celui-là, la beauté suprême du corps est une compensation plus que suffisante des irrégularités du visage et son choix, s'il est vraiment libre et éclairé, n'hésitera jamais. L'abus scandaleux des vêtements nous a conduits à cet état singulier de n'apprécier dans la femme, que la tête. Mais, en réalité, celle-ci n'a qu'une importance (l'anatomie dans les ateliers la fixe à un septième de l'ensemble) proportionnée à la place qu'elle occupe. Tout le reste est susceptible, non seulement de beauté, cela va sans dire, mais de physionomie. Victor Hugo a lyriquement dit qu'il y avait des ventres « tragiques ». Il y en a aussi d'idylliques et de sublimes. J'ai connu des jambes qui étaient tellement spirituelles qu'on regrettait que leurs propriétaires ne s'en servissent pas pour écrire. Le nombril est un œil mélancolique comme celui du nénuphar. Chaque fossette de la croupe, des reins et des épaules est creusée par un invisible, mais caressant sourire. Tout regarde, tout attire, dans la femme. Tout est vivant. L'attraction mystérieuse des lèvres est un poème où l'esprit s'élève davantage que par les plus nobles entretiens. La splendeur des formes fait plus, pour la sérénité de nos esprits, que l'inutile musique des mots et la fumée des pensées. La femme est vraiment l'unique livre de ceux qui ne conçoivent que dans l'amour la destinée de notre âme.

Ah ! vous doutez de ma sincérité. Eh bien,

j'ai connu beaucoup d'hommes qui recherchaient l'obscurité presque complète pour leurs plaisirs. Mais je ne suis pas de leur goût que je trouve offensant pour leurs maîtresses. J'adore la lumière qui prodigue à mes yeux la beauté de celle qui repose entre mes bras. Si j'avais été roi, j'aurais voulu fonder ma dynastie au milieu du bouquet d'un feu d'artifice. Mais je sais que cette impatience du soleil, là où l'ombre est plus généralement appréciée, m'est une particularité de nature, un atavisme amoureux dans les cultes lointains de Zoroastre. Pour ceux qui estiment, comme les matous, que la nuit est le meilleur temps pour aimer, — et encore les chats dédommagent leurs oreilles de ce que ne voient pas leurs yeux — la question que vous posez, Madame, se résout évidemment d'elle-même. Le visage, qu'il soit beau ou défectueux, disparaît; mais, sous le toucher, la perfection savoureuse du corps demeure; la source des joies infinies et des impressions ineffables ne se tarit pas dans les ténèbres; le sentiment divin des formes triomphantes ne s'abolit pas dans l'ombre. C'est là vraiment qu'est la victoire de la femme dont les reliefs tentants ne sont ni des illusions ni des mensonges. La main tremblante fait revivre tous les souvenirs des yeux charmés, en égrainant le rosaire des admirations mystiques et des ferventes caresses. Joies sublimes d'Homère aveugle s'acharnant au seul poème immortel, l'Iliade des féminines grâces.

III

Vous le voyez, mon parti est bien pris, Madame. Je souhaite qu'il soit dans le sens où vos intérêts amoureux sont le mieux servis. Dans la pratique, il est souvent difficile à prendre, parce que la bégueulerie contemporaine ne permet pas de s'éclairer sur toutes les pièces du procès. On reconnaît immédiatement une femme laide de visage. Mais une femme belle de corps ne se révèle, sans se livrer, qu'à certains délicats, sachant

du premier coup déshabiller la femme, sans toucher à une agrafe de son corset ni à un cordon de ses jupons. C'est un art suprême, mais qui demande une expérience longue et souvent coûteuse à acquérir. Ce que les femmes vous font payer ces leçons de choses! Mais passons. La morale — il y en a toujours une dans mes précieuses dissertations — est qu'il ne faut jamais condamner une femme sur son visage et la proclamer laide parce qu'elle a les traits peu plaisants. Un chercheur consciencieux, un érudit sincère, un magistrat intègre s'efforce de lui faire montrer le reste avant de la juger. C'est une façon de procès qui n'a rien de déplaisant à instruire, une jurisprudence dont on se farcit sans ennui, une méthode de continuer Cujas que je conseille aux amateurs d'agréables surprises. On n'y saurait trop reproduire la scène du crime. Cultivez, mes enfants, ces Pandectes-là !

Le bon parjure

I

Si quelque chose pouvait exprimer combien l'Amour est au-dessus des choses de l'humanité, c'est son indépendance absolue de cette vérité toute humaine, toute contingente qui est celle des faits. Il relève d'une vérité plus haute, laquelle n'est que l'expression de ses droits immuables, infiniment supérieurs. Odieux dans toutes les autres choses, le mensonge peut y être sublime. Justement flétri, dans

toutes les autres circonstances de la vie, le parjure y peut être un devoir.

Je n'entends pas parler ici des serments d'amour que tous les gens de sens et d'expérience prennent pour ce qu'ils sont, une politesse naïvement sincère, mais rien de plus qu'une politesse. Comme on n'aime pas vraiment quand on ne croit pas qu'on aimera toujours, il est tout naturel de le dire. C'est

même du sous-entendu; mais la folie serait
d'y croire et la mauvaise foi d'avoir l'air, un
jour, d'y avoir cru. Formules de langage, voilà
tout. Mais il est un ordre de mensonges vraiment
pieux et dont les âmes d'élite sont seules
capables, ceux qui prolongent l'illusion des
êtres qu'on n'aime plus, ceux qui leur évitent
toute souffrance. Il est tel cas où la franchise
serait un crime, un assassinat. Dites-moi donc
le fait ou le scrupule de conscience dont l'intérêt
prime celui-là! Quand, dans un vers admirable,
Baudelaire s'indigne qu'on veuille
mêler « l'honnêteté » aux choses de l'Amour,
c'est de cette honnêteté bourgeoise-là qu'il
me convient de l'entendre, de cette honnêteté
stupide qui s'interdit de juger, par delà
les actes, les conséquences qu'ils peuvent avoir.
C'est cependant bien ravaler l'âme humaine,
dans son libre arbitre, que de lui refuser ce
jugement, plus haut que les apparences, inspiré

par une conception souveraine de ce qui est juste ou injuste. Croyez-vous que tous les serments du monde, devant les prétoires les plus augustes, me feraient dire le mot d'où dépend une tête, ce mot fût-il la vérité, si je jugeais, à part moi, que l'intéressé ne mérite pas la mort? Ce qu'on ferait pour cette chose misérable qu'on appelle la vie, comment ne le ferait-on pas plus encore pour cette chose divine qui s'appelle l'Amour! Ah! tous ceux qui ont aimé savent le respect que méritent ses moindres douleurs et combien il les faut épargner à ceux qui vous aiment! C'est une doctrine toute d'humanité que celle-là, mais non pas une doctrine de lâcheté, comme certains puristes l'osent dire. C'est par des souffrances personnelles inouïes, par d'abominables sacrifices de ses propres joies qu'on arrive à cette force de mensonge d'où dépend le bonheur fragile d'une autre âme. Il y faut beaucoup de courage. Lâches, ceux qui mentent ainsi, allons donc ! Leur vaillante imposture ne prend rien d'ailleurs à leur nouvelle et réelle tendresse. Que fait, à qui se sent aimé, ce qu'on peut jurer aux autres ? Étant

plus haut que la vérité, l'amour est, encore bien plus, au-dessus du mensonge.

Je ne sais pas de plus terrible drame dans l'histoire contemporaine que le drame intime dont un écrivain remarquable de ce temps fut la victime douloureuse. Aveugle, il avait auprès de lui une compagne dévouée qui lui faisait croire à une tendresse absolue. Par amour de la vérité, un ami lui apprit qu'elle le trompait, et il en mourut. Connaissez-vous un assassinat plus épouvantable que celui-là? Quelle leçon pour ceux qui se croient le droit de défendre notre honneur contre nous-même!

II

Mais où le parjure devient un devoir absolu, c'est quand il s'agit de l'honneur d'une femme.

Prenons le cas le plus fréquent : celui où un mari demande à l'amant de lui jurer qu'il ne l'a pas outragé.

Vous voyez ce que la situation a de cruel et d'inexorable. Faire le serment demandé, c'est se dérober à une légitime colère, c'est encourir le soupçon de lâcheté. Aussi vous dirai-je d'abord : Soyez assez homme de cœur et ayez fait suffisamment vos preuves pour n'avoir pas à redouter ce supplice, à craindre seulement pour ceux dont la bravoure peut être mise en doute. Là est le point essentiel. Mais vous courez un autre péril : l'homme qui vous interroge en sait peut-être beaucoup plus qu'il n'en laisse paraître. Il peut avoir des preuves et vous tendre un piège. Il peut, fort de faits irrécusables, vous cracher ensuite votre parjure à la face. Or, cela est terrible, en vérité.

Nous n'en devons pas moins être prêts à le subir, il n'y a pas à se le dissimuler : c'est bien l'honneur qui reste en jeu, l'honneur viril à qui tout mensonge est une tache. Mais croyez-vous que cet honneur du mâle se trouverait beaucoup mieux d'avoir trahi le plus saint des secrets ? L'honneur, on nous l'apprend et c'est vrai, doit nous être plus cher que la vie, mais pas que la vie des autres pourtant. Oui, c'est votre honneur d'homme que vous sacrifiez, en cette circonstance, mais vous le sacrifiez à celle à qui vous eussiez mieux aimé cent fois donner votre vie, et on ne vous a pas laissé le choix ! Faites donc l'holocauste digne d'elle et digne de votre amour. Comme les antiques bouchers qui, dans les fêtes païennes, paraient les victimes pour les rendre plus agréables aux dieux, ayez mis, en toute autre chose, votre honneur si haut que vous ayez, au moins, la joie amère et profonde de jeter, avec lui, à des pieds adorés, le meilleur de vous-même et les fleurs même de votre âme !

Et je dis cela au nom de la vraie morale — car il y en a deux, n'en déplaise aux godelureaux qui ont conspué autrefois le naïf académicien Nisard pour avoir hasardé cette vérité de feu La Palisse. — Il y a la morale qui a pour sanction, non pas seulement la gendarmerie, mais l'estime publique, deux choses que je mets absolument sur le même plan, — au second. Mais il y a l'autre, la grande, la vraie, celle qui ne demande, qu'à la conscience, une approbation ou un blâme ; celle qui touche à des faits que ne pourraient juger ni les cours d'assises, ni même les passants ; celle qui n'admet d'éléments  que les intimités profondes de l'âme. Celle-là a vraiment de tout autres subtilités, de tout autres délicatesses. Autant il est simple de proclamer qu'on doit toujours dire la vérité, autant il est malaisé de définir le cas où c'est un devoir absolu de ne pas la dire. Mais la réelle supériorité de cette seconde morale — l'autre ne me paraissant nécessaire qu'aux gens enclins au meurtre et aux goujats — c'est que c'est la seule, au fond, qui s'occupe de respecter ce qu'on appelle dans la loi : les droits des tiers. Or, en amour, les « tiers » jouent un rôle considérable. Le « tiers » dans l'espèce, c'est la malheureuse femme que peut perdre un mot de son amant. Celle-là, la loi s'en fiche assurément, mais non pas la morale que je prêche et qui a, pour unique axiome, pour idéal humain et divin tout ensemble, le sacrifice constant de l'intérêt personnel, l'anéantissement de cette chose haïssable qu'on appelle le moi, l'abnégation profonde et absolue devant cette grande loi de l'Amour qui nous met d'autant plus haut que nous nous humilions davantage devant elle. En elle est le vrai royaume des cieux, où les premiers seront les derniers et où Des Grieux passera fort avant Napoléon, parce qu'il sut mieux aimer.

Non ! le parjure n'est qu'un vain mot quand il s'agit de l'honneur d'une femme.

Et si ce devoir du parjure était bien écrit, non pas dans les codes, mais dans le manuel d'honneur pratique dont les vrais honnêtes gens se préoccupent bien davantage, les maris s'éviteraient une question ridicule, car ils en sauraient la réponse à l'avance, et les naïfs ne se laisseraient plus prendre à ce mot mélodramatique qui n'a de sens honteux que quand c'est pour soi-même qu'on ment !

III

C'est, à vrai dire, une des heures les plus terribles de la vie que celle où un homme qui vous a donné la main, que vous estimez souvent et que vous avez trompé, vous dit tout haut ses doutes, épiant un aveu sur la pâleur même de votre visage. Certes, c'est là une des plus rudes épreuves de la vie irrégulière. A vous, jeunes gens, de l'attendre avec une fermeté convaincue et la volonté parfaite de tout souffrir, même l'insulte, plutôt que de trahir une femme qui s'est donnée à vous. Car volontiers je vous blâmerais, si je ne savais la fatalité de nos tendresses, de n'avoir pas choisi un coquin ou un complaisant pour le tromper. Ce n'est pas ce qui manque dans le monde ! Mais si vous n'avez  pas eu la chance de vous mal apparenter de la main gauche, si c'est un homme de bien que vous avez essayé de ridiculiser malhonnêtement, votre faute n'a qu'une excuse possible : un amour vrai et capable de tous les sacrifices.

Si vous n'avez pas aimé vraiment, de toute la ferveur de votre cœur, vous êtes de simples drôles de vous être jetés à travers l'honneur d'un gentilhomme. Il faut même que la femme que vous avez choisie soit digne de ce magnifique holocauste si vous voulez que je vous absolve et même que je vous loue. Mais fût-elle la dernière des dernières, que votre devoir n'en resterait pas moins absolu, celui de nier, non pas seulement devant le mari, mais devant le monde tout entier, si le monde avait l'impertinence de se mêler de vos affaires. Ah ! vous voulez un point absolu de morale ? eh bien, je vais vous le fournir. Un homme d'honneur, en quelque circonstance que ce soit, ne convient jamais des faveurs qui lui furent accordées, celles-ci vinssent-elles même d'une créature banale à qui le droit reste toujours de vous avoir personnellement dédaigné, rendît-elle tout le reste de l'univers heu‑

reux. Ce sont choses dont un homme de quelque délicatesse ne se vante jamais, s'agit-il d'une fille. Les lèvres qui le racontent ne sont pas dignes du baiser. Le secret des caresses données et reçues doit demeurer au plus profond des pudeurs de l'âme. Le mensonge à la maîtresse qui aime encore, le parjure au mari qui interroge, le silence à la foule qui espionne : voilà le devoir triplement et nettement formulé. Vous me direz que la vérité n'y trouve guère son compte. Qu'importe si l'Amour, qui est l'unique Vérité, l'unique Lumière et l'unique Joie, y trouve le sien !

Ce qu'est la femme pour qui l'aime vraiment

I

Il paraît que, de mes humbles écrits sur l'Amour, se dégage un mépris absolu de la Femme. C'est, au moins, l'opinion d'une Dame qui ne me l'envoie pas dire, mais charge la poste de m'en informer. Comme compliment de Jour de l'An c'est médiocre. Je ne connais pas la donataire de ce généreux aphorisme, mais ce me serait un grand désespoir d'apprendre qu'elle est un miracle de Jeunesse et de Beauté. Quant à sa perspicacité j'ai, sur elle, mon opinion faite. Elle n'entend rien à ce qu'elle dit.

Suis-je assez pusillanime ! Je fus si troublé, au premier abord, pour ne pas dire douloureusement surpris de cette opinion sur mon compte, que je descendis, sincèrement, résolument, au fond de ma conscience. Mais je n'y rencontrai qu'une protestation indignée contre ce singulier jugement, et je me demande encore comment je l'ai pu encourir.

Est-ce pour avoir insinué, timidement d'ailleurs, que nos terrestres compagnes n'étaient pas des modèles de fidélité ? Je n'ai jamais songé à leur en faire un reproche, ne trouvant pas que l'homme mérite qu'elles lui donnent davantage, estimant qu'il ne mérite pas toujours le soin discret qu'elles mettent à le tromper. Leur plût-il de ne pas même prendre cette peine et de ne lui éviter aucune torture, qu'il n'aurait pas encore le courage de se détourner d'un supplice qui est sa vie, et qu'il tendrait lâchement, à l'affront, une tête résignée. Dans un monde où les impressions d'autrui se mesurent à mes impressions propres, la Femme m'apparaît comme l'Être mystérieux qui noue et dénoue les destinées, suscite les héroïsmes ou les réfrène, précipite les châtiments, apaise les colères, console les désespoirs et joue, sous une forme vivante, le rôle implacable et divin de l'antique fatalité. Je me la représente, comme Hélène sur les ruines d'Ilion, un pied sur l'humanité vaincue, le front dans la caresse des lumières et des parfums, élevant, seule, devant l'éternelle beauté des choses, le spectre d'une beauté supérieure à toutes les autres. En son corps vit le rythme puissant des lignes et la loi délicate des harmonies; le secret des dominations superbes, où s'affirment les droits sacrés de la faiblesse, habite son esprit; son cœur est l'abîme de miséricorde et de pitié où le pardon attend nos misères. Elle est, par sa fragilité même, l'image du Rêve que nous portons en nous : rêve de splendeurs abolies, de Paradis fermés, de destins glorieux entrevus. Elle est, dans notre vie, comme un hôte du ciel que nous devons traiter en maître.

Sarpejeu, Madame, si tout cela est du mépris, je me demande où commencent l'admiration et le respect?

II

Est-ce donc que le désir que nous élevons vers la femme est un outrage ?

Si vous saviez de quelle humilité profonde est faite ce culte en apparence grossier, quel trouble religieux est au fond de cette ferveur sensuelle, vous ne daigneriez pas en être offensée pour celles que vous en défendez... contre moi, du moins. N'ai-je pas assez souvent et assez mélancoliquement médité sur l'immense disproportion des délices qui nous viennent de la femme et du peu que nous osons lui offrir en échange? Son amour est fait de condescendance et le nôtre d'audace folle. Je l'ai

proclamé cent fois. Est-ce que la reconnaissance de mes souvenirs n'est pas, à ce point de vue, le plus éloquent des aveux ? C'est en réalité la femme qui fait, en descendant vers nous, le chemin que nous croyons parcourir les pieds saignants, pour monter jusqu'à elle. La terre nous mord au talon et jamais l'espace qui nous sépare ne serait franchi si elle n'avait, elle-même, des ailes. Je plains sincèrement l'homme qui n'a pas ce sentiment de notre indignité, en qui le respect dompteur de la beauté n'éteint pas, un instant du moins, les fièvres de la chair, qui ne tremble pas, comme au seuil d'un temple, devant la couche où l'attend le premier baiser !

Celui qui n'a pas connu ces terreurs délicieuses, ces hontes mortelles, savouré cette humiliation intime dans l'extase d'un autre Être, celui-là ne sait pas les joies les plus secrètes et les plus profondes de l'Amour..

Comme un voyageur qui, parvenu au sommet des pics neigeux, promène un regard vide sur les immensités béantes, sans songer à regarder, à ses pieds, l'obscur paysage des vallons, il ignore la hauteur de son bonheur. Dans ce que ma tendresse éperdue pour la femme a de moins quintessencié, c'est-à-dire dans l'ardeur même de possession qu'elle m'inspire, je ne trouve donc que craintifs hommages et je cherche en vain le mépris.

III

Dans l'amertume même de mes déceptions je n'ai jamais rencontré la haine. Je ne suis pas du même sang qu'Ajax injuriant les dieux. A l'homme seul j'ai réservé mes colères, pour tout ce que j'ai vu de vil en lui, et jamais elles ne furent plus vibrantes que devant le spectacle hideux que m'inspirent mes contemporains. En dehors même des fanges où son ambition et sa cupidité le plongent, alors même qu'il souffre par la femme — indigne qu'il en est souvent — c'est à sa lâcheté seule que j'en veux et non aux instincts admirables de torture de son bourreau. Loin de moi l'idée de révoltes inutiles. La gloire du soleil se rit du vol ensanglanté de nos blasphèmes. Ainsi la Beauté plane fort au-des-

sus de nos plaintes et de nos rébellions. Tout
est excuse pour les crimes de la femme et ses
faiblesses portent, en elles, leur pardon. Non
pas qu'elle ne mérite d'être traitée comme un
être moral — il y aurait, dans un tel jugement, quelque chose de dédaigneux — mais
parce que la morale rigide, dont s'accommode
la brutalité de notre nature, est forcée de
s'assouplir pour elle et de s'ingénier aux délicatesses de son tempérament et de son esprit.
Elle a droit, — et elle le sait — à certaines
inconsciences, parce que sa mission est à la
fois cruelle et douce, et c'est à ces inconsciences d'ailleurs que nous devons, le plus
souvent, ses bontés. Il y aurait donc, de notre
part, grande injustice à nous en plaindre. On
a beaucoup discuté sur la faiblesse de la femme
et la facilité de ses chutes. Mais on n'a pas
assez loué ses admirables facultés de relève-
ment. L'homme déchu s'enlise dans les fanges

et y disparaît. C'est l'expérience de tous les jours et jamais elle ne se prodigue autant, sous nos yeux, qu'en ces heures troublées  où l'honneur flotte comme un vaisseau désemparé sur les abîmes et menace de ne plus être que le nom d'une chose à jamais engloutie. Mais que de femmes tombées nous avons revues debout, purifiées par quelque noble sentiment, courtisanes devenues épouses loyales, épouses infidèles devenues mères sublimes ! Rien de plus fréquent, pour qui sait regarder autour de soi, que ces magnifiques sursauts de la Femme vers l'idéal longtemps déserté, et ces résurrections de l'âme engourdie, ce réveil de la conscience sont, chez elles, spectacle commun.

Dans un monde dont l'impeccabilité n'est pas précisément le fait, il me semble que cela seul suffit à constituer une façon de supériorité morale. Mais, au moment même du plus grand abaissement, entre le drôle qui se parjure pour être nommé député et la fille qui se donne pour avoir du pain, — voire même des bijoux, — je n'ai jamais hésité un instant. D'autant que ce qu'ils vendent, l'un et l'autre, est diantrement plus précieux chez celle-ci que chez celui-là.

IV

En ai-je assez dit pour me défendre d'une accusation qu'un homme, ayant exercé loyalement la profession d'amant, très supérieure à toutes les autres carrières, ne saurait accepter ! Ce n'est vraiment pas ma faute si je n'ai jamais pu entrer dans la conception chrétienne qui nous représente la Femme comme la sœur de l'Homme. Ce fut ma première pierre d'achoppement sur le chemin où m'éclairait la Foi des aïeux, allumée à l'étoile même qui guida les mages. Par un atavisme bizarre qui me ramène irrévocablement à une tradition plus ancienne, la grecque, celle du paganisme où s'affirme la plus parfaite éclosion de l'esprit humain, je considère, malgré moi, la Femme comme un être d'essence différente que les civilisations vraiment avancées mettaient fort au-dessus de l'homme, que les barbaries contemporaines s'obstinent ignoblement encore à mettre au-dessous. Ce que je ne puis admettre, est cette fausse fraternité que je trouve humiliante pour nos maîtresses, c'est cette parenté menteuse qui ferait, de l'Amour, un continuel inceste. Mais c'est mon admiration même pour la Femme qui me les fait repousser ; c'est la pitié grecque et non pas le dédain musulman. Si j'ai quelquefois parlé légèrement de mon idole, c'est à la façon des Athéniens qui, pour plaisanter leurs Dieux en d'immortelles comédies, n'en étaient pas moins assidus aux sacrifices. Je n'ai jamais songé à nier, chez la femme, l'être moral, mais je crois sa morale absolument différente de la nôtre, — moins humaine puisqu'elle s'accommode fort bien de nous faire souffrir — plus divine puisqu'elle participe des impassibles fatalités et repose sur une fatalité même, la Beauté dont nul n'évite le pouvoir. Nos notions d'honnêteté dont il se fait, en ce moment même, une si belle confusion, sont, pour elle, lettre morte ; mais jamais nous n'avons eu moins de raison d'en être fiers. Car sa probité passionnelle est souvent supérieure à la nôtre parce qu'elle ne conçoit la rivalité d'aucun autre sentiment.

Méprisable, non ! mais assurément redoutable, trop loin de nous, et trop haut, pour qu'il nous soit permis de la juger, faite pour nos admirations extasiées et non pas pour notre inutile estime.

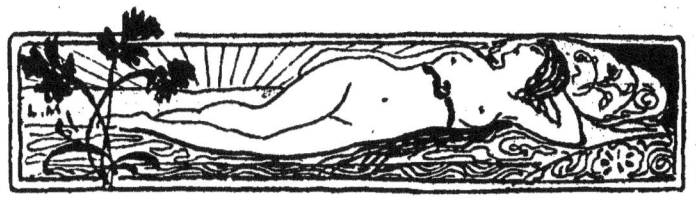

De la plastique en amour

I

'est dans le monde qu'on entend surtout les jeunes filles dire que l'homme n'a pas besoin d'être beau pour plaire, et c'est une théorie que les hommes du monde acceptent avec une modestie qui leur fait honneur. Je n'ai pas d'ailleurs à la combattre quand il ne s'agit que du mariage, c'est-à-dire d'une institution où le

côté arrangement tient infiniment plus de place, aujourd'hui, que le côté passion. Ceux que nous voyons courir à l'hyménée, en ce temps-ci, avec le plus d'ardeur, sont les comédiens, qui en ont si peu besoin, et les gens dans les affaires qui ne peuvent guère s'en passer. Chez les premiers, cette manie est un reste de protestation contre leur renommée bohème d'autrefois. Ils tiennent à faire constater, *urbi* et *orbi* — et même au risque d'être cocus — qu'ils appartiennent bien à la vie régulière, à la vie bourgeoise. Mon Dieu, ils seraient plus sages en se contentant, pour cela, de la croix qu'on met maintenant, de leur vivant, sur leur poitrine, et qu'on plante dans les cimetières sur leur tombeau, double absolution de la société laïque et du monde religieux à l'endroit de leur métier. Quant aux seconds, ils trouvent, dans le mariage, un moyen légal, presque honoré, de demeurer riches, tout en ruinant les autres, ce qui est le fin du fin de leur état. L'admirable séparation de biens est là, pour leur permettre de garder la précieuse aisance, pour eux, pendant qu'ils sèment, autour d'eux, la ruine, ce qui est évidemment une conséquence honnête et un commentaire moral des « justes noces », comme dit le Code. Dans une profession qui tient à la fois du cabotinage et des affaires, celle des directeurs de théâtre, vous trouverez, pour le mariage, un enthousiasme deux fois justifié. Ils sont rares ceux qui ont la probité de demeurer célibataires !

Je ferme, ici, cette parenthèse sur un sujet où l'amour a trop rarement affaire, pour parler simplement des liaisons, légitimes ou non, mais infiniment plus sérieuses, où l'Amour est tout. Car notez que je ne défends pas aux maris d'être des amants. Au contraire ! Seulement je constate qu'ils en ont rarement l'occasion. Dans les unions où l'âme tient vraiment une place, par ses nobles côtés, la femme est-elle sage de faire mépris, chez l'homme, de la beauté du visage et de la vigueur du corps? Je ne le crois pas, et surtout je ne crois pas que ce mépris puisse être sincère, par tant d'esprit et de belle éducation que nous remplacions la plastique qui nous manque.

Prenons un monde pour lequel j'écris encore moins que pour les époux, mais qui a pour lui l'avantage d'être sincère jusqu'au cynisme; nous ne trouvons nullement que ce dédain soit au fond de la femme contemporaine. Ce n'est qu'en apparence que les courtisanes préfèrent les banquiers ridicules aux commis de magasin bien tournés. Que ces dames ne négligent pas les exigences financières de leur profession, j'en suis d'accord avec vous. Une courtisane qui ne se ferait pas payer serait la honte de son état. C'est si vrai que l'impératrice Messaline, qui avait plus soif de vice que d'amour et d'ignominie que de baiser, avait grand soin d'exiger, des passants, le même salaire que ses compagnes, pour ne pas déshonorer l'antre de *Vénus Meretrix*. Mais, derrière le patricien ventripotent, Forain nous montrera toujours le robuste ouvrier de la dernière heure, celle qui ne se vend pas. Celui-là est le plus souvent une brute et représente cependant l'idéal dans ces existences très logiquement infâmes. Comme on demandait un jour, à une de ces maraudeuses de la vie, pourquoi elle s'obstinait à demeurer avec un chenapan qui la battait, quand sa beauté, à elle, lui assurait des amants bien appris et, qui sait? peut-être respectueux, elle répondit ce mot sublime : « Mais si je n'aime rien, je ne suis rien » !

Et elle avait raison.

Sans vouloir prendre ma leçon dans le ruisseau, je conviens que cette concession brutale et résignée à un élément de torture souvent, la beauté physique dans sa vigueur, m'émeut et me semble presque plus noble que l'indifférence où je le vois tenu dans un monde social plus raffiné, indifférence que je veux croire une pose, chez le plus grand nombre, ou une consolation à la laideur. Mais, dans le monde passionnel, lequel ne vit que de sincérité, d'intimité profonde et de pénétration sensuelle réciproque, je ne vois vraiment pas ce que viennent faire l'aumône et la charité.

Chez la femme, comme chez l'homme, quelles que soient les perversions que l'éducation a mises en elle, l'amour devrait venir avant tout du sentiment et de l'adoration de la Beauté. Ne trouvez-vous pas, comme moi, que la laideur acceptée y met comme un abaissement, le soupçon de plaisirs très complexes et puisés surtout dans une dépravation de l'esprit? Moi, je tiens pour l'héroïque santé dans ces choses d'où dépendent le salut de l'idéal et la gloire des races. Je demeure éperdument dans la tradition païenne qui mettait l'harmonie extérieure des formes, la belle pondération des lignes et la splendeur des chairs portant en soi la lumière, au-dessus de tout, comme le sceau même d'une immortelle origine. C'est s'abaisser soi-même que de ne pas chercher, à la conscience de ses propres défectuosités, la sublime compensation d'aimer un être plus beau que soi.

II

Ce goût apparent des femmes d'aujourd'hui pour la maturité uniquement intelligente ; sa tolérance inique quelquefois pour la vieillesse caduque mais socialement honorée, pourraient bien leur être imposés par notre propre exemple, et peut-être ne sont-elles ainsi que pour se mettre à notre portée, et ne nous pas humilier en se montrant trop supérieures à nous.

Quelles sont donc les femmes que les amoureux de presque tous les mondes recherchent

aujourd'hui ? Les plus belles ? Allons donc !
— J'ai dit que je ne parlais pas du mariage, peu d'hommes l'excusant aujourd'hui par le seul argument qui le justifie : l'impossibilité de posséder, autrement qu'en l'épousant, une femme qu'on aime. — Mais, dans les liaisons qu'un double choix amène et resserre, avez-vous remarqué que le culte de la Beauté, lequel devrait être cependant la loi suprême de la vie, entrât pour quelque chose ! Les courtisanes les plus chères sont-elles les courtisanes les mieux douées plastiquement ? Je vous montrerai, quand vous le voudrez, d'admirables filles qui crèvent la faim et d'abominables gothons ruisselantes de pierreries, dans des huit-ressorts où leur figure donne envie de regarder le derrière de leurs valets de pied. Cette vieille garde, qui a sur celle de Napoléon Ier le désavantage de ne pas mourir, et devant qui Cambronne ne se serait pas con-

tenté de parler, est entretenue par ce que nos cercles contiennent de plus jeune et de plus élégant; Hippolyte ne redit plus les charmes d'Aricie; il soupire comme Marius (non pas

comme Cambronne) le long des ruines. Il baise celui des deux pieds de ces dames qui n'est pas encore dans la tombe.

Mais, paix à ces vieilles aux dents d'ivoire, aux chignons de paille que les ânes sont tentés de brouter. Quelques-unes furent belles, sous le règne de Louis-Philippe, et peut-être n'auraient-elles qu'à ne se plus farder pour être belles encore. Car la vraie beauté traverse, triomphante, tous les âges et semble quelquefois revêtir l'immortalité du marbre avec la blancheur des cheveux. Mais les débutantes, celles que ces messieurs lancent, les célébrités de demain, les glorieuses en chantier, regardez-les un peu!! Des minois chiffonnés comme de vieux mouchoirs, des nez retroussés, des tailles de guêpes à qui je ne me chargerais pas de fournir l'aiguillon, des pieds et des mains canailles, un refrain d'Yvette Guilbert sur les lèvres peintes, par dessus le marché, voilà ce qui suffit à des protecteurs souvent jeunes et ayant le droit d'être infiniment plus difficiles. Aucun souci de la noblesse des types, des empreintes de la race, de tout ce qui mêle la fierté d'un idéal à la fièvre du désir !

Durant qu'ils habillent coûteusement ces poupées difformes, les sculpteurs, les peintres, voire les poètes qui peignent et sculptent dans leur cerveau, s'arrêtent, émus et recueillis, devant les superbes créatures qui, comme d'un double mont Aventin, descendent de Montmartre ou de Belleville, foutues comme quatre sous mais faites pour réveiller l'ombre auguste de Phidias. Car on devine, à l'instinctif orgueil de leur démarche et sous leur robe grossière, l'harmonie vibrante des formes et la puissante palpitation des chairs. Les imbéciles riches les rencontrent bien aussi quelquefois, mais du diable si un d'eux s'écriera jamais : Voilà la maîtresse que je veux !

III

Amants fervents et pensifs, pour qui j'écris d'ordinaire, pardonnez-moi cette incursion mélancolique dans un monde où ne fleurissent pas les sincères tendresses, celles qui se cachent pour être heureuses. Vous êtes les hôtes du rêve immortel d'où je voudrais exiler tout ce qui rappelle les laideurs de la vie. Pour chasser loin de vous, comme un air mauvais, les tristesses de cette prose attardée à d'inutiles réalités, laissez-moi vous dire, avant que le printemps nous quitte, une chanson de printemps faite pour vous :

C'est l'âme des beaux jours qui nous fait le ciel bleu ;
Qui chante, au bord des eaux, dans le frisson des saules,
Et le soleil déjà change, en perles de feu,
Les pleurs que le matin secoue à ses épaules.

L'esprit des fleurs s'éveille au caprice de l'air
Et porte, sur nos fronts, de troublantes caresses.
Enferme en toi, mon cœur, l'universelle ivresse.
Voici le temps d'aimer sous le ciel doux et clair !

Voici le temps de croire aux mensonges du rêve,
De souffrir la langueur des vœux inapaisés ;
De mêler, sous le vol charmeur de l'heure brève,
Au néant des serments la douceur des baisers.

Voici le temps d'attendre au seuil des portes closes,
Implorant la pitié des bonheurs interdits,
Le cœur plein de sanglots, les mains pleines de roses,
Qu'un sourire nous ouvre encor le Paradis !

Voici le temps de fuir vers les routes ombreuses
Où l'on marche à pas lents, et la main dans la main,
Amoureux éperdus et blanches amoureuses,
Le temps de n'avoir plus à deux qu'un seul chemin !

Tous les êtres épris se cherchent dans l'espace,
Blessés du même mal dont nul ne veut guérir.
L'esprit des fleurs s'éveille au vent léger qui passe.
Voici venir le temps d'aimer et d'en mourir!

Subtilités passionnelles

I

Grand Roi, cesse de vaincre ou je cesse
[d'écrire.

Amoureux, cessez de m'interroger ou je brise ma plume, image qui ne m'a jamais paru aussi terrible que le supposent ceux qui l'emploient. Briser une épée, passe encore. Mais une plume ! Le beau mérite, ma foi. Ah ! l'inépuisable sujet que celui où j'ai déjà promené tant d'écoles buissonnières, comme en un champ dont on ne rencontre jamais le bout! Comme les blés d'or par les pavots, il est constellé de rouges blessures et c'est le plus pur du sang de nos cœurs qui y fait perler ces étoiles de pourpre. Comme les blés d'or aussi il porte, en soi, la vie, et le pain de l'âme y germe en de douloureux sillons. C'est la plaine, féconde en joies et en douleurs, où nos pas s'attachent comme mystérieusement enlisés.

Ah! plutôt que d'y revenir encore, comme j'aimerais mieux vous dire l'admirable spectacle que j'ai sous les yeux, les montagnes s'étageant à l'infini, vers des horizons bleuissants, sous le vol circonflexe des grands oiseaux de proie, et, à mes pieds, les torrents roulant, sous la poussière de verdure des tamarins, leur eau d'argent bavard comme celui des poches pleines; le recueillement mystérieux qui descend, en moi, de cette chevauchée lointaine dont les nuages sont comme des cavaliers qui quelquefois s'arrêtent pour planter, en un sol conquis, la blancheur des oriflammes. Quel renouveau éternel la nature apporte en nous ! Pourquoi faut-il que nous y

trouvions, comme des bêtes blessées, cette flèche de l'amour dont l'aiguillon semble encore s'y aviver ? Le penseur éperdu se demande quelquefois où il pourrait fuir la femme. Et l'infini se déroule, devant son rêve, sans rencontrer ce point obscur de la Délivrance où il se retrouverait seul en face de lui-même, dans l'austère isolement de sa propre pensée. Force fut au doux Orphée de suivre Eurydice jusque sur le seuil des Enfers.

Si loin qu'on soit allé, si loin du vacarme citadin de la vie coutumière, on n'a rien oublié, tant qu'on n'a pas oublié la source des tortures éternelles et le chemin qui y mène et qu'on reconnaît, comme le petit Poucet du conte, à ce qu'on y a laissé de soi-même. Tel le mouton qui retrouve sa route à l'épine des buissons. Et je n'en veux pas à ceux qui abusent des facilités postales où se débat aujourd'hui notre liberté, pour me poursuivre jusqu'au bord des gaves pyrénéens avec des questions, à la bouche, touchant encore aux choses de l'Amour. En réalité, ce n'est pas eux qui m'y ramènent, mais moi-même qui y reviens par une habitude incorrigible de mon esprit. Je crois me surprendre en maraude

SUBTILITÉS PASSIONNELLES

quand je pense à autre chose. *Quidquid tentabam scribere versus erat*, disait, de lui-même, Ovide. Tout ce que je tente d'écrire n'est qu'un commentaire de ce que j'ai écrit déjà.

Cette fois-ci, c'est un homme qui me soumet une situation d'esprit à laquelle je ne puis que fraternellement compatir. Car elle est délicate et douloureuse à la fois, et je ne la puis mieux exprimer que par ses propres paroles : « Il m'arrive souvent, dit-il, de faire longtemps la cour à une femme, mais une cour assidue, et je n'ai pas plutôt obtenu ce *que je croyais en souhaiter* qu'un sentiment d'aversion immédiat succède à la fougue de mes désirs. »

« Aversion » me paraît un peu dur, monsieur. Laissez-moi plaider pour le sentiment de vague reconnaissance que mérite toujours le plaisir accordé, et qui est, je crois, chez toutes les natures de quelque générosité. « Ce que je croyais souhaiter » me semble aussi une expression risquée. Le moins est qu'on en soit sûr avant de le demander. Je suis curieux de voir ce que vous répondrait la dame à qui vous diriez, après, en toute franchise : « Eh bien, non, ce n'est décidément pas ça dont j'avais envie. » Parions qu'elle vous flanquerait un bon soufflet, et laissez-moi vous dire qu'elle aurait raison.

II

Et maintenant, causons en bons amis. J'imagine que vous êtes auprès de moi, sur ce coin de rocher mousseux d'où monte une odeur sauvage, d'où l'on entend la clochette des troupeaux tintinnabulant dans les lointains pâturages. Il existe un proverbe latin auquel je pourrais vous renvoyer : « *Omne animal triste præter gallum vel monacum — gratis fornicantem* » (a ajouté la malice irreligieuse

des aïeux). Je n'en avais pas besoin pour être convaincu que vous n'êtes ni un coq ni un carme en exercice de garenne amoureuse. Moi non plus.

Tout le monde, à ces deux exceptions près, a, j'imagine, passé par ces écroulements subits d'une passion satisfaite, mais tout le monde n'en garde pas la même amertume que vous. Vous n'estimez pas, monsieur, l'amour physique à son vrai prix. La minute que vous venez de passer vaut, à elle seule, un siècle de prévenances, de prières, tout le temps perdu que vous semblez regretter, et cela à tort : car je vous défie de m'en trouver un plus agréable emploi. Vous voilà vraiment bien malheureux pour avoir rêvé, espéré, soupiré! Je vous dis, moi, que vous êtes très bien payé de votre peine. Car si vous n'avez pas su vous payer, tant pis pour vous! Permettez-moi de vous dire en effet que cela était surtout affaire à vous. Réduit à cette simple question d'extase sensuelle, l'amour est ce qu'on le fait soi-même par l'intensité d'ardeur qu'on y apporte. L'objet aimé n'en est que l'occasion. On peut faire de très mauvaise musique sur un authentique Stradivarius.

III

Certes, il y a quelque chose d'amer — dans la jeunesse surtout — à constater ce néant subit des tendresses les plus exaltées. On s'en veut, un instant, d'avoir pris le simple désir pour de l'amour et de s'être si cruellement dupé sur ses propres sentiments. Mais la maturité vient et aussi l'indulgence, qui nous fait moins sévères à cette erreur dont il ne faut pas exagérer la portée. Je ne vois à plaindre vraiment, dans tout cela, que celle qui a pu croire qu'elle était vraiment et durablement adorée. Peut-être y a-t-il d'ailleurs de sa faute. Car toutes les femmes ne savent pas se donner. Beaucoup, en voulant se faire trop longtemps souhaiter, dépassent le but et transforment le désir qu'elles nous inspiraient en une façon d'obstination et d'impatience rageuses toutes chargées de rancunes à venir. C'est dans cet ordre d'idées surtout qu'il y a vraiment un moment psychologique. Les hommes, en qui domine l'amour-propre, ne se rebutent pas, mais méditent déjà les vengeances de la victoire. Moi qui ne mets aucune vanité dans ces choses, il m'est arrivé de renoncer tout simplement aux dragées tenues trop hautes, de me lasser et de fermer moi-même ma porte au bonheur venu trop tard. Mais, croyez-moi, vous avez laissé passer, l'un ou l'autre, l'heure opportune, laquelle ne laisse jamais que d'aimables souvenirs.

De vos expériences malheureuses, monsieur, il résulte tout simplement que vous n'avez pas encore aimé.

N'en déplaise d'ailleurs à l'école platoniquement imbécile du bon Werther, dont j'aime surtout, je crois, la musique de Massenet, tout ce qui précède l'épreuve dont vous vous plaignez n'est que l'avant-propos du livre immortel de l'Amour. Ceux-là sont dans la plus lamentable folie que je connaisse dont je lis les suicides, dans les journaux, et qui se sont tués de désespoir avant d'avoir été l'un à l'autre. Il ne leur était pas permis de juger, en effet — et vous en êtes la vivante preuve, — si ce qui les séparait inexorablement était vraiment un malheur. L'amour réel, l'amour dont on a vraiment le droit de mourir, c'est celui dont on a mesuré les ivresses, celui qui a si fortement rivé vos

chairs à d'autres chairs, qu'on ne saurait plus les en arracher sans ouvrir au cœur la source mystérieuse par où s'enfuit notre sang. Cet amour-là se fait lentement de tous les bonheurs que la possession absolue comporte. Chaque caresse est comme un ciment qui en durcit l'édifice : il s'accroît de chaque baiser et son insatiabilité même lui est un gage de durée. Il vous enlace de mille liens obscurs dont chaque déchirement vous brise une fibre, parfums subtils et profondément personnels, contacts aux douceurs jusquelà inconnues, esclavage absolu de tous les sens, tyrannie délicieuse d'un être dont votre être est dominé. Mais il est clair, monsieur, que cela vous est parfaitement inconnu. C'est tant pis et tant mieux à la fois pour vous.

Mais où vous atteignez le parfait comique, c'est quand vous me demandez, en matière de conclusion, si vous vous devez marier. Demandez donc cela à Rabelais ! Peut-être vous conseillerai-je personnellement, si, comme Panurge, vous redoutez le cocuage, d'attendre que vous soyez plus sûr de votre fait dans l'épreuve primordiale du mariage. En attendant, laissez-vous vivre, sans souhaiter de trop vite souffrir. La Nature est faite pour ces bercements délicieux de la pensée dans des impressions vagues, non définies, n'ayant pas l'action immédiate pour conséquence. Ce sont de meilleurs conseillers de la vie que nous, les grands monts assoupis sous leur casque de neige, gardiens des éternelles sérénités, laissant gronder à leurs pieds les torrents inutilement sonores, comme le bruit des batailles lointaines déjà pour nous, auxquelles vos impatiences aspirent et d'où l'on revient avec plus d'une blessure au cœur !

De l'illusion en amour

I

Avouez, me dit-elle, que vous ne me trouvez que des défauts. Alors pourquoi continuez-vous de me voir et de faire profession de m'aimer ?

Et sa jolie bouche avait des retroussis ironiques semblant s'entr'ouvrir, comme pour une morsure, sur la nacre des dents.

— Vous exagérez, infiniment, ma chère,

mon opinion sur vous, me contentai-je de lui répondre avec tranquillité, mais vous vous trompez moins en parlant de la fidélité de mes sentiments.

— Convenez cependant que, si vous m'aviez connue telle que je suis maintenant pour vous, vous ne m'auriez pas aimée !

— Je vous demande pardon et je vous aurais supposée pire que, très vraisemblablement, je vous aurais aimée tout de même. Car ce n'est jamais la perfection que j'ai eu l'intention d'aimer en vous, et je ne suis plus de ces imbéciles qui s'imaginent toujours, quand ils commencent un nouvel amour, qu'ils l'ont rencontrée, — et qui très sérieusement prennent leur prurit sensuel pour un hommage moral à la vertu ! Cette naïveté n'est permise qu'à l'extrême jeunesse, qu'aux ferveurs ingénues d'une santé débordante, qu'au désir inconscient qui nous pousse alors vers toutes les

femmes avec de faciles admirations. Elle devient ridicule chez celui qui a déjà vécu, qui sait bien que ce n'est pas en parlant de la Femme que Platon a écrit que le Beau était toujours la splendeur du Bien. Dieu merci! l'Amour n'a rien de commun avec l'Académie qui décerne les prix Montyon. Où serait sa grandeur s'il se confondait avec la Logique et ne nous entraînait jamais qu'à des attachements raisonnables? Ce n'est pas un teneur de livres mais un poète qui emprisonne les cœurs dans sa fantaisie souvent cruelle. Il ne cueille pas sagement des bouquets dans les jardins, mais il saccage des moissons entières et se couronne volontiers des ronces où se sont ensanglantées nos mains. C'est ignorer le poids despotique dont il pèse sur nos âmes que de lui vouloir donner pour piédestal un peu de cette neige candide, si fragile à fondre et à ternir, qui s'appelle l'estime. M'avez-vous jamais entendu dire autre chose que du bien de mes anciennes maîtresses? Non! Eh bien pensez-vous que je les trouvasse plus parfaites que vous? Ceux qui prétendent avoir cessé d'aimer une femme parce qu'ils lui ont découvert, à l'usage, une quantité de défauts, ne l'ont jamais aimée. Tout nous devient charme dans l'être dont nous sommes vraiment épris, ou, du moins, tout s'excuse à l'excès, au point que nous ne pourrions peut-être plus nous en passer sans en souffrir. Socrate s'est-il séparé de Xantippe ? Et je laisse là de côté l'impression malsaine qui nous vient quelquefois d'aimer éperdument celle qui nous en semble la moins digne, avec la conscience douloureuse et délicieuse à la fois de notre lâcheté. L'amour est, avant tout, un sublime et imbécile besoin de sacrifice. *Credo quia absurdum!* disait follement saint Paul. *Amo quia absurdum!* peut dire sagement l'amant véritable. Ce qui est fait pour révolter l'esprit peut être fait pour enchanter le cœur. Oh! cette révolte mal étouffée, cette indignation contre soi-même, cette pointe de haine qui est au fond de tout amour vraiment sensuel, celui qui ne les a pas connues, celui qui ne les a pas rageusement savourées ne peut se vanter d'avoir aimé. Je n'ose même, tout en les plaignant d'une pitié confinant au mépris, condamner ceux à qui la perfidie de l'amante est un ragoût d'amour et qui tirent, des exaspérations de la jalousie, un redoublement de tendresse honteuse et assouvie d'opprobre. C'est un phénomène morbide, l'excès du sentiment de tolérance éperdue qui est au fond de tout amour véritable, un abaissement de la vraie passion, l'oubli de toute dignité, l'abdication des plus pures noblesses de l'âme. Mais cela est et j'en sais peu que ce chatouillement infâme n'ait effleurés !

II

Elle m'avait écouté patiemment, très occupée qu'elle était de remettre, en son sens, un frison de son admirable chevelure noire. Alors elle me dit tranquillement comme pour résumer sa propre esthétique :

— Moi, pour aimer, il me faut de l'illusion. Ah ! que j'ai déjà entendu de femmes me dire cette bêtise ! L'illusion, ma chère, mais c'est la négation même de l'amour !

L'illusion sur quoi ? Pas sur les plaisirs qu'il donne toujours. Car on peut dire, qu'en amour, les premières expériences physiques sont généralement gâtées par les maladresses, par la timidité et par une gaucherie d'autant plus grande qu'on est plus épris, gaucherie qui va parfois jusqu'au ridicule. Il y a, au point de vue du renouveau sensuel, un apprentissage à faire l'un de l'autre, apprentissage délicat et qu'il faut subir sans violence, sans découragement. L'âme divine du violon ne se réveille pas toujours immédiatement sous la caresse de l'archet. C'est un rythme à trouver, un accord à résoudre, le même *la* à se mettre dans... l'oreille. On peut jouer fort longtemps avant d'atteindre la réelle et définitive harmonie. Mais, une fois celle-ci atteinte, tout devient progrès et le dilettantisme se développe, et l'acuité sensuelle s'affine et chacun des amants découvre enfin, dans l'autre, comme dans une Golconde intarissable, des trésors pressentis mais longtemps jaloux d'eux-mêmes, cette magie de caresses, qui ne nous laisse plus vivre que pour notre rêve vivant. Venez donc nous parler de désillusion morale dans cet état divin, surhumain, temporairement hélas! séraphique de l'âme!

Pas plus que sur l'estime l'amour ne saurait reposer sur l'illusion.

J'imagine, ma chère, — ce qui n'est pas tout à fait exact — que je vous découvre, tous les jours, une nouvelle vertu. Alors, voulez-vous me dire un peu le beau mérite que j'ai de vous aimer? Le contraire est infiniment plus concluant. Il faut aimer, non pas pour ceci ou pour cela, mais quand même, ou ne s'en pas mêler. Mais parce qu'on aime quand même, on n'est pas forcé de devenir imbécile. On parle souvent de l'aveuglement de l'Amour, et on admire la sagesse antique qui lui mettait un bandeau sur les yeux. N'en déplaise à la sagesse antique, c'est une bêtise. Je n'ai pas besoin du tout d'être aveugle pour continuer d'aimer. Je n'abdique jamais le droit de juger qui j'aime, et peut-être mon jugement est-il d'autant plus sévère qu'il est plus approfondi, mieux assis sur une observation journalière. Mais ce jugement-là ne m'empêche pas d'aimer. Je n'ai jamais cru un instant qu'un ange fût descendu du ciel tout exprès pour moi. Et c'est ainsi qu'il faut aimer pour aimer vraiment, pour aimer durablement, non pas en se contentant d'une véritable erreur sur la personne, mais en l'affrontant visiblement telle qu'elle est, ce qui est douloureux parfois mais nécessaire. Où je me retrouve d'accord avec la sagesse antique,

c'est en regardant l'Amour comme une fatalité à laquelle il est impie de vouloir se dérober, sous laquelle nous devons ployer sans révolte, et plus haute infiniment que les opinions que nous pouvons nous faire les uns des autres.

En aucun cas, je ne crois que les hommes

aient le droit de se juger et de se condamner.
C'est par une fiction sociale, nécessaire peut-
être à une société n'ayant encore qu'un idéal
grossier de la Justice, que nous laissons les
magistrats fouiller dans les âmes. C'est l'ins-
tinct de conservation, dans ce qu'il a de plus
crûment égoïste, qui arme la main du bourreau, et le droit n'a rien à faire dans cet acte
de défense. Mais c'est dans l'ordre passionnel,
en amour surtout, que la prétention de juger
et de condamner est monstrueuse tout à fait.
Où est notre critérium, je vous prie? Où est
cette mesure à laquelle se mesureront les
consciences? Je peux dire ce qui, dans un être,
me révolte ou me déplaît ; mais, comme cela
même fait partie de sa logique, de quel droit
lui demanderai-je compte de la pondération,
de l'équilibre même de ses défauts et de ses
qualités? S'il m'a enchaîné de cette chaîne
divine des caresses partagées et profondément

ressenties, s'il m'a enveloppé du charme où mes chairs trouvent la seule joie, s'il m'a donné, en un mot, l'ineffable, l'absolue, l'infinie joie d'aimer, en quoi ai-je besoin d'illusion, pour continuer, en somme, à être heureux du seul bonheur qui soit ici-bas ?

III

L'Illusion nécessaire à l'Amour ! Horace, qui, — n'en déplaise au souvenir exquis de Lydie — ne fut pas, comme les deux Catulle et comme Properce, un des grands poètes de l'Amour, la réalisait par un moyen monstrueux dont il a eu tort, pour sa mémoire, de nous vanter la découverte. Dans les bras de la première courtisane venue, il fermait les yeux et évoquait l'image de l'Amante qu'il ne pouvait ainsi posséder que de loin, par une ruse de l'esprit, par la plus avilissante des procurations. Voilà, si je ne me trompe, le triomphe de l'Illusion. Le malheur est que celle-là n'est possible qu'à ceux qui n'ont jamais vraiment aimé. Est-ce que le parfum d'une certaine chair, d'un certain baiser, l'habitude d'une certaine caresse se peuvent ainsi confondre avec un autre arome, avec une autre saveur, avec une autre mignardise ? Allons donc ! C'est de la personnalité impérieuse de tout cela qu'est fait l'amour. Son exclusivisme naturel, quand il est profond et sincère, est fait de la possession de ces éléments introuvables ailleurs que dans une certaine étreinte, sur certaines lèvres, en certaines poses familières. Et ne croyez pas que je le rende trop uniquement physique ainsi. Tel grain de beauté qui n'est au fond qu'une délicieuse petite verrue, à tel coin de la joue ou du ventre, nous devient une nécessité, l'*ultima ratio* de nos enchantements amoureux. Au moral, certaines cruautés, dont l'accoutumance nous est devenue douce, ne sont peut-être pas moins nécessaires. Et puis, la charmante chose vraiment à dire à une femme : Madame, je vous adore parce que je me plais à vous croire tout à fait autre que vous n'êtes en réalité !

J'aime mieux, plus virilement et plus loyalement, vous dire : Ma chère âme, je vous aime telle que vous êtes, et c'est parce que je vous aime sans me faire, sur votre compte, la moindre illusion, que je suis sûr de vous aimer vraiment et durablement.

Je m'aperçus qu'elle dormait, étant parvenue à remettre son frison dans le bon chemin, quand j'achevai ce discours. Mais comme je n'avais pas la prétention de la convertir, la femme étant, de nature, immuable, comme Dieu, je n'en fus pas moins satisfait d'avoir, au moins pour moi-même, bien parlé selon mes sentiments.

Le trésor de la morale

I

Maudit soit à jamais le rêveur inutile
Qui voulut le premier, dans sa stupidité,
S'éprenant d'un problème insoluble et stérile,
Aux choses de l'amour mêler l'honnêteté.

Ainsi parle Delphine dans un admirable poème de Baudelaire, et ceux qui connaissent les *Femmes damnées* savent en quel sens Delphine emploie le mot : honnêteté. Malgré les objurgations véhémentes que le poète lui adresse ensuite, elle n'a dit qu'une sublime naïveté. « Honnêteté » se confondrait presque ici avec « convenance ». L'amour purement physique n'a aucune raison pour reculer devant son rêve. Le *trahit sua quemque voluptas* virgilien est sa devise légitime. La morale n'a vraiment rien à voir à cela. La vérité est que la morale ordinaire s'exerce dans un autre domaine que l'amour. S'ensuit-il que celui-ci ne comporte aucune morale? Je ne le crois pas : mais une morale infiniment plus délicate, plus élevée, et dont je vais tenter la tâche malaisée de définir les grandes lignes. Si l'on va au fond des choses, en effet, on trouvera que la vérité est le but unique où tend la morale ordinaire. Il n'est, au demeurant, qu'un crime, le mensonge, puisque c'est le seul qui décline la responsabilité du châtiment. Je ne saurais trouver criminel un homme qui accepte, par avance, toutes les conséquences d'un acte commis librement. La société est immédiatement armée contre lui, ce qui suffit pour qu'il ne soit pas dangeureux. Un homme n'est coupable de suborner une fille que s'il ne l'épouse pas ensuite, de lui faire un enfant que s'il n'élève pas celui-ci. Je ne vois ici-bas de vraiment haïssables que le mensonge et la lâcheté. En amour, le but est plus haut, c'est la Beauté. Dussé-je choquer bien des gens, je dirai que tous ceux qui prennent une femme ou une maîtresse pour autre chose sont immédiatement, et par ce fait seul, hors la loi. La Femme a le droit d'être aimée pour sa beauté,

et je crois bien qu'elle n'en a pas d'autres.
Et je m'entends. Elle a, à ce point de vue,
droit à une parfaite probité de notre part.
Inutile de dire que nous laissons, en dehors
de l'amour, les liaisons d'un instant qui n'ont
d'autre objet immédiat que la satisfaction d'un
besoin. Encore un homme, ayant quelque
estime de soi-même, y apporte-t-il un sentiment de sélection et ne ravale-t-il pas trop
bas son plaisir par une indifférence parfaite à
l'endroit de celle qui le lui donne. Il n'y a pas
à dire, c'est encore les seuls instants de la
vie où tienne un peu d'infini. Mais j'entends
parler de véritables amants qui vont l'un à
l'autre pour se donner davantage. La première
condition d'honnêteté pour eux est d'être
guidés, dans leur choix, par une certaine
admiration physique. L'amour est, avant tout,
une religion, un culte. Il ne doit adresser son
encens et ses prières qu'à une idole qui en

soit digne et ne les ridiculise pas. Tout est avantageux dans cette recherche du Beau vivant. Vous me direz qu'une maîtresse belle vous expose infiniment plus à être trompé qu'une autre. D'abord, ce n'est pas vrai. J'ai connu des laiderons merveilleuse-ment infidè- les. Et puis, quelle digni- té et quel orgueil dans ce senti-ment qu'on possède ex-clusivement une femme parce que les autres n'en veulent pas ? Que diriez-vous d'un homme qui se priverait de tout mets suc- culent dans la crainte que son cuisinier fût porté davantage à en garder un morceau ? J'ai dit d'ailleurs, autrefois, ce que je pensais de la jalousie et comment son essence même ne souffrait pas l'analyse, chacun portant, en soi-même, la somme d'impressions qui constituent sa vie passionnelle et la même femme ne faisant que la développer d'une façon absolument différente chez chacun, si bien que, dans cette communauté, nul ne peut se vanter d'avoir volé quelque chose à l'autre. La jalousie n'en existe pas moins, comme une des preuves les plus flagrantes de l'illogisme humain, comme une des tortures dont le cœur soit le plus profondément atteint et déchiré. Mais qui dira de quel besoin mystérieux de souffrance se compliquent les délices d'aimer et si ce martyre n'est pas souvent le secret, quelquefois honteux, souvent sublime, des durables amours? Je n'y vois pas, comme beaucoup de moralistes trop sévères, un aiguillon malpropre au désir, mais une soumission touchante à cette grande loi naturelle qui veut qu'il y ait toujours une douleur au fond de la volupté.

O jeunes gens dont l'âge n'est plus, pour moi, qu'un souvenir si lointain, jeunes gens qui, seuls, me faites désirer quelquefois de recommencer ma vie, en abjurant toutes mes expériences pour votre admirable naïveté, choisissez donc vos maîtresses parmi les plus belles! N'ayez d'orgueil que dans tout ce qui fait leur beauté, dans l'éclat lilial de leur front, dans la flamme bleue ou sombre de leur regard, dans la fierté souveraine de leur sourire, dans leur fidélité aux nobles types féminins qui ont créé la peinture et la statuaire. D'abord vous repousserez ainsi votre part de responsabilité dans l'œuvre mauvaise de l'abâtardissement de la race. Et puis c'est à genoux, croyez-moi, que la femme même possédée déjà doit être adorée et servie. Il n'est pas joie si grande et si profonde que de s'abîmer dans la contemplation d'un être plus beau que soi-même, si intime que de s'y absorber dans son désir fou d'ennoblissement. L'amour est une religion avant d'être une morale. Mais le premier point de celle-ci, celui qui nous montre le chemin des délices les plus grandes et les plus légitimes est cette recherche de la Beauté dont les économistes

seuls, épris de repopulation, ont le droit de
se distraire, mais qui doit être le constant
souci de ceux qui veulent être d'honnêtes
amants. Et comme ce mot « honnête » grandit par cet ordre de considération ! Il implique
la sincérité dans les formules de tendresse,
laquelle semblait, sans cela, une humiliante
ironie. Car dire à une femme qu'on l'aime,
c'est lui dire qu'on la trouve belle, — à tort
ou à raison d'ailleurs, — et si la vérité n'est
pas le but des recherches en amour, il n'en
est pas moins vrai qu'il faut y mentir le moins
possible. Il implique aussi la durée de la tendresse à laquelle l'âme volontairement se voue.
Car une femme qui a été vraiment belle est
belle toujours. Elle demeure belle de la splendeur naturelle de ses traits que l'âge est impuissant à déformer ; elle demeure belle encore
pour celui qui l'a possédée jeune, de toute
cette magie des souvenirs qui sont comme

les feuilles du chêne que l'hiver ne fait pas tomber de l'arbre, mais rouille d'or seulement.

II

Tout cela constitue la morale des amours à leur début et comme triomphantes. Celle des amours à leur déclin est infiniment plus méritoire et douloureuse, mais elle constitue une garantie douce et nécessaire à ceux qui aiment les derniers. C'est encore une preuve de notre fragilité et de notre impuissance au bonheur qu'on puisse cesser de souhaiter une femme qu'on avait cependant choisie belle et qui le plus souvent, comme je l'ai dit tout à l'heure, l'est restée. C'est ici que nous allons voir combien la morale d'amour diffère de celle qui n'a pour idéal que la vérité. Je sais qu'il en est qui conseillent, dans ce cas, comme un devoir, la plus brutale franchise, et volontiers les femmes qui ont des doutes nous disent qu'elles la préféreraient. Gardez-vous de les croire ! Si vous sentez qu'elles vous aiment encore vraiment, méfiez-vous d'une loyauté qui pourrait être mortelle. On a vu récemment au théâtre une figure de femme qui croyait de sa dignité de dire en face, à un mari qui l'adorait et qui ne lui demandait rien, qu'elle l'avait trompé et qui le poursuivait de son abominable confession. C'était simplement un monstre. En admettant même que sa conscience eût besoin de cet aveu, pour se soulager, n'aurait-elle pas dû faire passer, même son salut éternel, après le bonheur et le repos d'un être innocent de son crime? Ah! la merveilleuse probité qui, pour s'assurer la tranquillité morale à soi-même, immole tout ce qui l'approche ! Le devoir était pourtant bien tracé à cette créature, s'il était vrai qu'elle se repentît : s'humilier dans un mensonge sans trêve, se damner, au besoin, par le parjure, pour souffrir seule du mal qu'elle avait fait. Comme j'avais raison de dire que le crime gît uniquement dans la fuite des responsabilités douloureuses qu'il implique ! Ce n'était pas son adultère qui avait été coupable, c'est la révélation qu'elle en faisait à son mari sous le prétexte odieusement égoïste de garder l'estime de soi-même !

O vous pour qui j'écris, n'obéissez jamais à cette honnêteté cruelle. Vous avez eu le courage de tromper. Ayez celui de mentir maintenant et de soutenir votre rôle. Vous reprocher votre trahison ! Parbleu ! je n'en ai nulle envie, convaincu que nous ne faisons jamais, en amour, que subir des destinées. Avons-nous même le droit de nous dérober à ces tentations qui nous viennent de la Beauté ?

Je n'en suis pas, pour ma part, convaincu, et je laisse à saint Antoine son héroïsme que je trouve absolument ridicule. Mais ce qui est hors de doute, c'est que nous n'avons pas celui de faire souffrir qui nous aime encore de nos propres faiblesses, si tant est qu'il y ait faiblesse dans ces légitimes emportements. C'est, j'en conviens, un art douloureux que celui de tromper, pour certaines âmes, au moins, dont le fond est demeuré transparent comme des eaux limpides. Il vous le faudra apprendre cependant, quand le jour sera venu, vous à qui ne fut pas dévolue cette grâce d'état des éternelles fidélités. Il en faudra subir la honte avec des résignations souriantes et tous vos instants, tous vos soucis suffiront à peine à cette tâche difficile d'éviter un rayon de lumière, ou une larme, aux yeux dont vous baiserez encore, avec une fausse conviction et une menteuse ferveur, les paupières fermées. C'est une autre forme des tortures de l'amour et qui, celle-là, porte des compensations dans les joies, coupables aux yeux des sots seulement, de la trahison délicieuse et maudite à la fois.

Vous le voyez, il y a une morale en amour, faite de toutes les délicatesses de l'âme et, en dehors de laquelle, il n'en demeure qu'un passé sans dignité ou une institution prolifique, et c'est dans l'observance de très hautes lois, d'une esthétique irréprochable et d'une humanité raffinée, qu'est toute la noblesse du sentiment où se juge le mieux la valeur réelle des hommes parce que ceux-là seulement méritent qu'on les aime qui savent aimer !

Valses sans musique

I

Je suis comme les bêtes qui, nonchalamment étendues aux pieds d'Orphée, goûtaient, à l'entendre, bien plus sans doute la douceur du rythme que les secrets plus délicats de la mélodie, inconscientes du charme qui nous vient seulement du mouvement enfermé dans une cadence. Tout est danse, autour de nous, danse mystérieuse qu'un invisible archet con-

duit et dont nous n'entendons même pas la musique. A quel obscur chef d'orchestre obéissent les étoiles dans leur tournoiement majestueux ? La voix lointaine du rossignol monte-t-elle vers leur splendeur dorée ? Indépendamment de l'évolution lente qui entraîne les constellations sur leur route d'azur toujours pareille, je vous jure que les astres ont des tressaillements que nous saisissons surtout, quand au réveil de quelque songe où passait la bien-aimée, nous la voyons à travers nos larmes.

Tout est valse dans la douceur souveraine des cieux constellés et faussement immobiles, et la griserie qui nous en vient est d'être entraînés dans cette ronde où des bras subtils, aériens, nous enveloppent d'obscures étreintes, où des chevelures d'or se dénouent quand les comètes s'effarent et succombent, emportées, dans l'espace, par de mystérieux amants. A nos pieds, le long des grèves, les vagues s'enlacent aussi, voluptueusement enchaînées, avec des fleurs de feu dans leur crinière qu'y

met le scintillement nocturne du ciel. Et, dans les jardins encore, un même souffle rapproche les tiges des roses, comme vers le baiser furtif qu'on prend aux lèvres de la danseuse éperdue. Mais c'est aux choses du ciel qu'il faut mêler nos âmes, là où des souffles plus haut nous apprennent des tendresses éternelles, comme l'éternel voyage des astres que de constants retours ramènent sur les chemins parcourus déjà, qui se poursuivent et s'atteignent, sans doute, quand l'aube fait passer la blancheur d'un voile entre nos regards lassés et leurs amours assouvies.

Tournez, tournez, étoiles d'or, sur le chemin de l'Infini !

II

Nous sommes en pleine fête printanière, dans l'éblouissement des roses, dans la gloire des frondaisons. Mais que le bonheur est difficile à ceux qui ont déjà vécu ! Qui nous rendra l'émotion du premier printemps qui nous apparut, sans que s'y mêlât le souvenir de l'hiver ? La joie immense et sans ombre qui nous faisait croire à une éternité de fleurs et de soleil bleu ?

Maintenant, nous savons quel rideau s'abaissera sur cette apothéose. Dans ces fraîcheurs de brise, nous devinons déjà les poussières d'or dont l'automne enveloppe toutes les choses, cette poussière d'or sombre que roulent ses perfides tiédeurs. Comme elle s'attache aux verdures dont elle ronge lentement la couleur, — tel un baiser mortel qui brûle les lèvres où il se prend ! Sous son poids invisible les tiges s'inclinent et, les sèves se desséchant, les feuilles, aujourd'hui grandes ouvertes comme les pages d'un beau livre, se recroquevillent comme des mains de petites vieilles, toutes sillonnées de veines où le sang ne court plus. On dirait aussi des ailes d'oiseaux que le froid a figées dans l'immobilité d'un vol sans chemin vers le ciel. Et c'est un cliquetis de squelettes minuscules quand le vent passe dans les branches, une plainte innombrable où chante l'ironie des joies mortes et des espérances trahies. C'est tous les rayons perdus du soleil que l'Automne a tissés ainsi en un linceul couleur de lumière, un linceul à la fois resplendissant et mélancolique, fait pour le sommeil de tout ce qui fut une gloire printanière, une splendeur, une musique, un parfum !

Cependant son haleine, chargée d'ondées

et de nuages tourmente et secoue ces débris sonores qui se choquent avec un bruit sec de crotales, et les voilà soudain qui s'envolent comme pour fuir ce souffle des ouragans, qui s'envolent au hasard, pêle-mêle, éperdus. Et c'est un grand tournoiement sur le velours mouillé des gazons et sur le sable craquant des avenues, une ronde aux rythmes capricieux, une danse de fantômes, des méandres qui suivent je ne sais quelle fantaisie prisonnière d'elle-même, avec des retours et de nouveaux chocs désespérés. C'est dans un

cycle mystérieux que s'agitent ces révoltes, et, comme ceux des constellations, ces petits astres pâles tombés de la cime des chênes et des peupliers, suivent, un instant, la grande loi des gravitations circulaires. C'est qu'un ciel est descendu sur la terre, en effet; un firmament s'est écroulé, celui que forment encore, au-dessus de nos têtes, les verdoyantes voûtes d'où descendent, sur nos fronts, la sérénité hospitalière de l'ombre, la fraîcheur caressante du repos.

Tournez, tournez, feuilles mortes, sur le chemin du Néant!

III

Comme ils se sentaient très petits, ils se sont gonflés pour paraître plus considérables.

Comme ils ne se sentaient pas d'ailes aux

flancs pour monter vers le ciel de la pensée, ils se sont emplis, comme des ballons, en tirant parti de leur vide même pour engloutir plus de fumée. La politique est un gaz qui fait cette double merveille de rendre majestueuse la sottise humaine, en l'arrondissant, et de lui donner une envolée superficielle dont s'amuse la curiosité des badauds. Ils composent ainsi un peuple de petites outres, un microcosme de vessies qui ballottent, comme on en voit aux longs bâtons des paillasses dans les foires. Les imbéciles les prennent pour des lanternes et s'imaginent qu'ils en sont éclairés. Aucun de ces Icares du

Louvre ne sera jamais brûlé au soleil ; ils ne peuvent guère monter plu haut que le vol des oies, ce qui suffit à la foule pour les charger de sauver les Capitoles en détresse. Seulement les oies, qui vont également en troupes, fendent vraiment l'espace de leur vol triangulaire 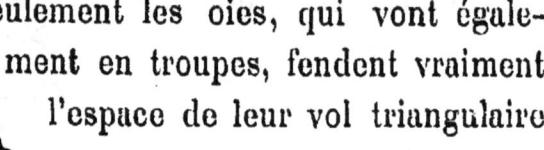 et y enfoncent un réel chemin. Eux font seulement semblant de se mouvoir vers un but ; mais, au demeurant, ils flottent seulement ; ils flottent, tout en tournant, comme d'aériennes toupies, avec un bruit ronflant qui est la musique du creux. C'est dans un cercle de mots, chrysalides ouvertes d'idées envolées, qu'ils font ce travail de hannetons. Cela ne les empêche pas de tenir, dans la société, une place considérable, bien que les hannetons, les autres, y soient détruits. A eux s'en vont droit les honneurs, comme les chardons semblent se dresser d'eux-mêmes, devant le nez rose des baudets. Leur seul tort, est, au fond, de prendre ces chardons pour des palmes et de croire qu'ils broutent le sol de l'Immortalité. Ils prennent pour les hauteurs de leur front celle de leurs oreilles. Ah! mes petites outres chéries, mes mignons petits ballonnets. Si vous saviez comme le firmament où plane l'âme des amants, des artistes et des poètes est loin du plafond de papier bleu où se collent vos modestes chimères et vos ambitions essoufflées, en attendant qu'elles y crèvent comme des bulles de savon !

Tournez, tournez, pauvres ambitieux, vers le chemin de l'Oubli !

IV

Il n'est qu'un amour dans la vie, mais un amour fait souvent de plusieurs tendresses.

Nous naissons avec un idéal immuable de la Femme, mais qu'elles se mettent généralement plusieurs à réaliser. C'est comme un fruit vivant que nous portons en nous et qu'il nous faut souvent une douleur pour en arracher, comme l'enfant que la femme avait au ventre. La fable de la côte d'Adam ne veut pas dire autre chose. Oui, nous naissons prisonniers d'une image, esclaves d'un type, et nous sommes, par avance, les vaincus d'une certaine beauté. Toutes les fatalités de l'Amour tiennent dans ce secret.

Nous aussi, nous nous débattons dans un cercle inflexible, nous sommes enfermés dans un monde invisible, comme mystérieusement enchaînés à la sphère d'une planète par l'aveugle loi de nos désirs.

Et nous gravitons, nous gravitons autour de l'idole, avec des litanies de baisers sur la bouche, psalmodiant l'hymne monotone et sublime des caresses dans l'encens vague des extases, tombant souvent aux pieds de faux dieux que nous brisons ensuite avec colère. Heureux celui qui rencontre enfin l'immortelle Divinité de son rêve ; celle en qui se réalisent les muettes aspirations de sa pensée antérieure ; au front de qui ses anciens désirs, devenus des bonheurs, s'allument resplendissants et clairs comme des étoiles ! Il ne se doit plus plaindre d'avoir vécu, d'avoir souffert ; il ne se doit plus résigner aux posthumes consolations d'une éternité problématique. Il eut sa part, dès ce monde. Car l'éternité peut tenir, dans une minute, par l'infini des joies. Le temps est une abstraction, une hypothèse, une simple mesure de nos plaisirs ou de nos douleurs. Heureux celui qui a rencontré l'immortelle et immuable Bien-Aimée ! C'est une ronde aussi que les pieds ailés des amoureux tracent sur les fleurs qu'ils ne meurtrissent pas, une ronde sans fin dont la musique leur vient du ciel.

Tournez, tournez, cœurs bien épris, sur le chemin sacré de l'Amour !

Consolations

I

'AUCUNS m'ont, assez cruellement, fait comprendre que j'avais passé l'âge de parler encore des choses de la volupté et qu'il convient de laisser ce sujet à ceux qui sont en pleine maturité de jeunesse. Il pourra sembler naïf, à moi, de ne pas partager leur avis; mais c'est cependant en toute sincérité, sinon en tout

désintéressement. Ce n'est pas, j'imagine, emporté par le grand torrent passionnel qui nous conduit jusqu'à la quarantième année, que l'homme peut noter ses impressions d'amour au passage, comme les touristes en Suisse. C'est alors, sinon pour les sots, le temps de vivre et non pas d'écrire. J'admire ceux qui gardent, en cette tempête, la faculté d'analyser ce qu'ils ressentent et qui se plantent, à la lumière des éclairs, leur plume en plein cœur comme dans une écritoire. Cet orage peut arracher des cris de douleur au poète, mais non pas inspirer la méditation du philosophe. Ce n'est que lorsqu'il est passé qu'un relatif silence permet à celui-ci de se recueillir.

A quel moment de la période, qui précède, le ferait-il ? Est-ce au début de sa carrière d'amant, quand les sens s'émerveillent à toute rencontre, ne laissant venir encore qu'un frisson jusqu'au cœur, printemps fait de tendresses légères, d'éclectismes infinis et fougueux, d'élans fous vers un idéal incertain flottant sous des chevelures brunes et blondes, étincelant dans des yeux noirs ou bleus, renaissant à toutes les lèvres qui sourient, à toutes les chairs qui attisent le caprice, à tous les regards qui implorent une caresse ? Mais c'est une course folle à travers les baisers et les illusions, une envolée se heurtant à tous les azurs terrestres, comme celle des oiseaux, au sortir du nid, ivres d'espace et inconscients encore de la puissance de leurs ailes, et cet épanouissement aveugle du désir; dans tous les sens, en broussailles éperdues, n'est pas pour nous permettre une halte au pays de la sagesse et de l'étude. A peine laisse-t-il de durables impressions qui ne se creusent pas, en nous, comme la blessure d'un couteau, mais qui s'y figent à la surface seulement pour se fondre, comme des fleurs de glace aux vitres, aux chaleurs du soleil qui se lève. Et ce n'est pas quand celui-ci, celui des tendresses moins hasardeuses et plus profondes, nous a pénétré jusqu'aux moelles de ses brûlures, que nous nous sentons la force de disserter sur nos propres tortures.

C'est que le vrai temps d'aimer est venu qui ne nous laisse ni le temps, ni le souhait d'autre chose. Toutes ces images qui flottaient, comme une poussière, devant le mystère d'un type immortel qu'elles cachaient encore, en attendant que notre âme fût mûre aux aspirations sans retour et aux grandes douleurs, se sont évanouies. Telle, aussi, la fumée de l'encens se dissipe au pied d'un autel, à l'heure du sacrifice. L'Idole est debout maintenant, sous nos yeux, et nos genoux se ploient en des adorations infinies. Mais ce ne sera pas encore le grand et religieux repos qui permet d'exhaler, en hosannas, ces extases. Ce n'est pas sur un seul front que fleurit le type immortel, ni en une seule grâce, ni en un unique sourire. Pour être plus limitées, les incertitudes du désir n'en sont que plus violentes, n'en comportent qu'une plus grande somme d'intensité de souffrance. C'est le moment des infidélités pleines de remords, des jalousies qui se fondent en des pardons furieux, immérités, de toutes les angoisses de la vie passionnelle à son apogée, en pleine conscience des voluptés souveraines, mais qu'un besoin menteur et impossible à assouvir d'au-delà entraîne encore à des luttes où les amants se déchirent, comme des ennemis, en des combats où ils s'adorent. Ce n'est pas là que gît le repos que nous fait un Dieu pour chanter comme Tityre et raisonner comme Mélibée.

Et ce n'est pas davantage quand nous sommes vaincus par la définitive charmeuse, par la sirène qui, blottie sous quelque roche de nacre, nous attendait et nous guettait, dans cette mer furieuse, pour nous faire siens en une prison que ferme seul, devant nous, le pouvoir tout-puissant de ses charmes. En cette captivité bien douce, c'est un alanguissement infini de notre être par une douceur de possession complète que nous avions ignorée jusque-là, par la joie subtile d'un abandon où nous ne gardons plus rien de nous-mêmes, que nous viennent la force d'aimer sans merci, le désir fou de nous recueillir et de nous anéantir dans un être revêtu de beauté plus grande, dont la vue a mis une âme d'esclave en nous. Ce n'est pas encore à l'esprit perdu dans ce rêve qu'il faut demander des axiomes et de la mathématique passionnelle.

II

Mais alors ne peut-on donc parler d'amour que de souvenir, et les choses qu'on en écrit ne peuvent-elles être que des mémoires, pour ainsi parler, d'outre-tombe?

Je ne le crois pas, parce que je ne crois pas que vieillir soit nécessairement cesser d'aimer: C'est aimer autrement, voilà tout. En des vers exquis, André Chénier a souhaité cette tranquillité de la vieillesse dont les jeunes filles caressent les cheveux blancs. J'avoue ne pas m'élever encore jusqu'au désir de cette platonique joie et ce n'est pas à ceux qui en sont là que je m'adresse ; mais à ceux qui, virils encore, souvent autant qu'ils l'ont été jamais, n'oublient pas cependant qu'ils ont fait les premiers pas dans le déclin de la vie. Je voudrais leur dire, en toute sincérité, les devoirs difficiles qui incombent à leur conscience d'amants, comme les joies qui leur sont permises encore.

Avant tout, selon moi, doivent-ils renoncer à « faire la cour », j'entends à aller aux femmes qui ne sont pas visiblement portées vers eux, ce qui sera, j'en conviens, de plus en plus rare, mais arrive cependant quelquefois à des hommes qui ne sont plus jeunes depuis longtemps et qui ont grand'raison d'être fiers de ces succès spontanés. J'entends que l'homme, en admettant qu'il ait été beau — hypothèse plus rare encore, — doit avoir conscience qu'il ne l'est plus, et que ce n'est pas une chose tentante, physiquement parlant, à proposer que sa conquête. Or notre fierté doit être de ne jamais rien devoir, en amour, à la pitié. Plus vous avez largement festoyé à la table des viriles tendresses, moins vous êtes

excusable de vouloir recueillir les miettes de votre propre repas. Soyez-vous donc, à vous-même, un impitoyable mauvais riche, et mourez de faim plutôt que de demander l'aumône. Je ne puis concevoir l'homme arrivé à ce degré d'abaissement d'accepter qu'une femme se donne à lui, avec le soupçon que c'est pour elle un sacrifice. Qui a connu les passionnées, doit dédaigner lui-même les généreuses. Ne demandez donc rien qu'on ne vous doive, par avance, que ce qu'on veut vous donner, et encore méfiez-vous d'être simplement un objet de curiosité et non pas de tendresse.

Je sais qu'on invoque, comme une loi naturelle, comme l'expression d'un équilibre hasardeux entre les âges, comme un fait rémunérateur des années, que les jeunes filles se donnent souvent assez volontiers aux gens d'un âge très mûr et semblent même éprouver, pour eux, une certaine tendresse. Tout être de quelque fierté naturelle se refusera aussi à profiter de cette illusion aveugle, à se faire complice d'une véritable monstruosité, à exploiter cette incertitude des sens chez un être imparfaitement nubile. Il ne s'exposera pas surtout à la haine et à la révolte dont il deviendrait certainement l'objet, de la part de celle qui, dans des bras plus jeunes, et sous des lèvres plus fraîches, aura appris enfin le secret des divines voluptés. De toutes les profanations il n'en est pas une qui m'indigne davantage que celle de cette ignorance sacrée, et je ne sais rien qui me répugne plus, dans la Bible où les sujets d'horreur ne manquent cependant pas, que ce vieux roi David condamnant une vierge au contact répugnant de son corps sénile pour boire un peu de la chaleur de sa chair! Pouah!

III

Résolus à ne plus courtiser les belles, comme on disait au vieux temps, et à ne pas abuser des candeurs de l'innocence, que nous reste-t-il, à nous que Molière qualifiait de barbons, dès l'âge de quarante ans, comme on peut en juger par les indications de personnages qui sont en tête des premières éditions de ses pièces ? — Mais d'abord celle que nous aimons d'une définitive tendresse, puis les amies d'autrefois — si nous avons eu l'esprit de rester leurs amis — et d'en avoir beaucoup, et si la fidélité absolue — ce merle blanc en amour — n'est pas encore devenue dans nos moyens, ce qui d'ailleurs est quelquefois humiliant pour celle qui en est l'objet, une fidélité trop complète pouvant être un hommage à rebours. Elles-mêmes ont, comme nous, pris des années, les pauvres ! mais une illusion tout à fait touchante nous permet de les voir encore telles que nous les avons aimées, par un mirage concordant au souvenir. Pourquoi n'aurions-nous pas joui, vis-à-vis d'elles, du même privilège et leur paraître tels qu'elles nous ont connus, ou à peu près ? En tout cas, la mémoire qu'elles ont gardée des antiques vaillances ne leur permet pas le mépris de ce que nous sommes maintenant. N'ont-elles pas délicieusement contribué à faire les ruines que nous sommes? Cette constance n'a rien de ridicule et ne constitue pas une réelle infidélité à l'idéal dont elle nous rappelle seulement le chemin. C'est toujours une douceur, pour ceux du moins qui y ont passé sans remords, de revivre la vie vécue et c'est le même sentiment très mélancolique et très doux qui nous conduit encore, comme à des pèlerinages, aux lieux où nous avons souffert, comme à ceux où nous avons été heureux. Car le temps ne fait qu'une même chose très douce de nos joies et de nos douleurs passées quand nous les réveillons de l'oubli ! C'est que ce que nous appelons : joie et douleur, est toujours le fait de l'état premier de notre âme et que le même crépuscule enveloppe les aurores et les couchants de notre pensée, dernière ressource enfin aux obstinés du désir : *Venus Meretrix*, qui n'est pas seulement indulgente aux adolescents !

Voilà, à mon très humble avis, et dans ma volonté personnelle, en quelle dignité doivent vieillir ceux qui ont été de véritables amants, de fervents amoureux, avec un orgueil du passé qui les défende des défaillances de l'avenir, en renonçant même aux victoires encore faciles mais dont les combats sont déloyaux, en gardant le respect éperdu de la femme dans le respect de soi-même, le même amour de la femme, mais discret, silencieux et résigné, s'en cachant, au besoin, comme d'un crime. Car je vous le dis, en vérité, ce qui peut arriver de pire, à un homme ayant eu vraiment un idéal viril de l'Amour, c'est de devenir, sur le tard, ce qu'on appelle en province, où ils ne manquent pas : « un vieux cochon ».

Table.

I.	Du choix d'un amant	1
II.	Qui aime le plus	19
III.	Ce qu'il faut entendre par le cœur	37
IV.	Le jeu dangereux.	53
V.	Faut-il être jaloux	71
VI.	Des différentes façons d'être belle	89
VII.	Le bon parjure	107
VIII.	Ce qu'est la femme pour qui l'aime vraiment.	125
IX.	De la plastique en amour	143
X.	Subtilités passionnelles	161
XI.	De l'illusion en amour.	177
XII.	Le trésor de la morale	195
XIII.	Valses sans musique	213
XIV.	Consolations	229

ÉVREUX, IMPRIMERIE DE CHARLES HÉRISSEY

EN VENTE A LA MÊME LIBRAIRIE

GUY DE MAUPASSANT

BEL-AMI, édition illustrée par FERDINAND BAC.
Un vol. grand in-16. — Prix : 5 fr.

PIERRE VALDAGNE

VARIATIONS SUR LE MÊME AIR, roman.
Avec des dessins en rouge et noir par LUCIEN MÉTIVET
Un vol. grand in-16 jésus. — Prix : 3 fr. 50

CATULLE MENDÈS

L'HOMME-ORCHESTRE
Avec des dessins en couleurs par LUCIEN MÉTIVET
Un vol. grand in-18 jésus. — Prix : 3 fr. 50

ÉVREUX, IMPRIMERIE DE CHARLES HÉRISSEY

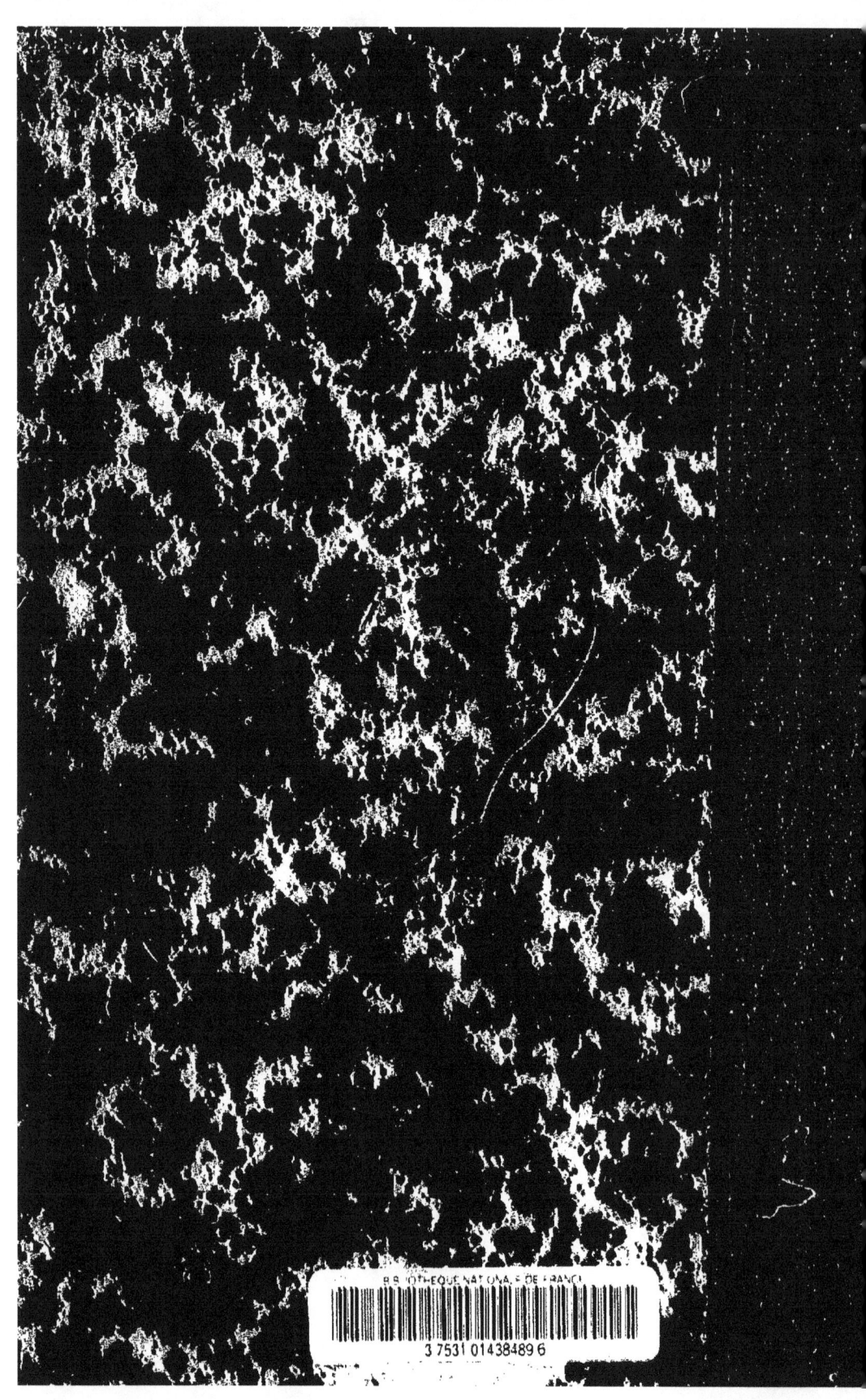

www.ingramcontent.com/pod-product-compliance
Lightning Source LLC
Chambersburg PA
CBHW050328170426
43200CB00009BA/1498